中华先贤人物故事汇

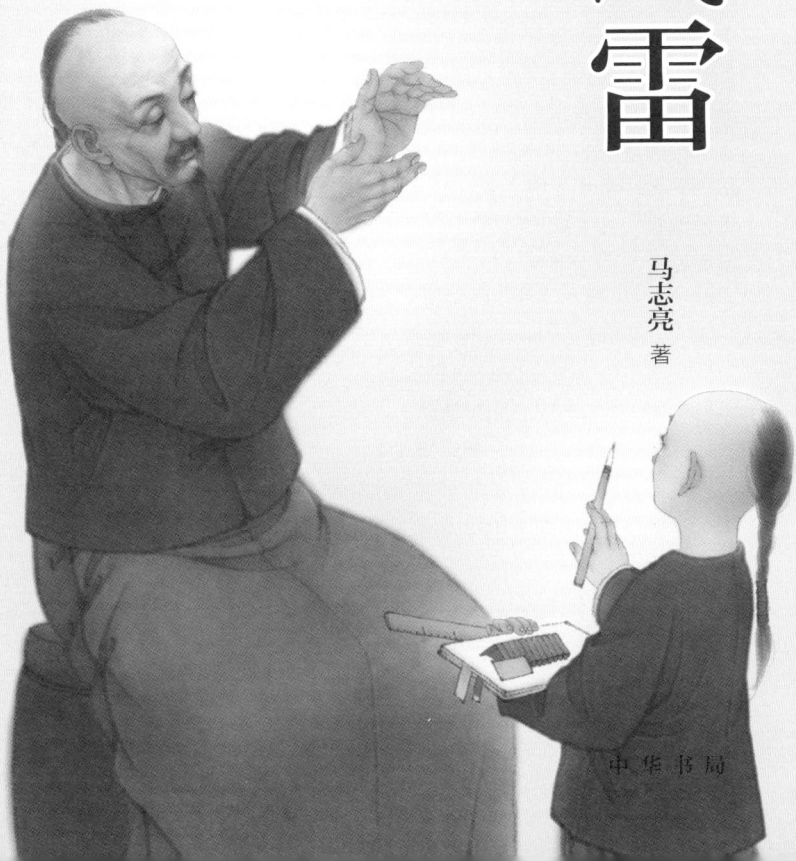

样式雷

马志亮 著

中华书局

图书在版编目（CIP）数据

样式雷/马志亮著. —北京：中华书局，2020.11
（中华先贤人物故事汇）
ISBN 978-7-101-14773-5

Ⅰ.样…　Ⅱ.马…　Ⅲ.建筑师-家族-介绍-中国-清代
Ⅳ.K826.16

中国版本图书馆 CIP 数据核字（2020）第 178973 号

书　　名	样式雷	
著　　者	马志亮	
丛 书 名	中华先贤人物故事汇	
责任编辑	林玉萍	
出版发行	中华书局	
	（北京市丰台区太平桥西里 38 号　100073）	
	http://www.zhbc.com.cn	
	E-mail：zhbc@zhbc.com.cn	
印　　刷	北京瑞古冠中印刷厂	
版　　次	2020 年 11 月北京第 1 版	
	2020 年 11 月北京第 1 次印刷	
规　　格	开本/787×1092 毫米　1/32	
	印张 4¾　插页 2　字数 50 千字	
印　　数	1-6000 册	
国际书号	ISBN 978-7-101-14773-5	
定　　价	20.00 元	

出版说明

　　孔子周游列国，创立儒家学说；张骞出使西域，开辟丝绸之路；书圣王羲之，留下了曲水流觞的佳话；诗仙李白，写下了"举头望明月，低头思故乡"的名篇；王安石为纠正时弊，推行变法；李时珍广集博采，躬亲实践，编撰医药学名著《本草纲目》……

　　这些杰出的历史人物，有的是在中华民族文明进程中做出过突出贡献、对后世产生过巨大影响的思想家、政治家，有的是对中华优秀传统文化的传承传播发挥过重大作用的文学家、艺术家、科学家，有的是为国家安定统一、民族融合团结和中外文化交流做出过杰出贡献的军事家、外交家……他们为中华民族的繁荣发展做出了伟大的贡献，他们的行为事迹、风范品格为当世楷模，并垂范后世。

他们是中华民族的先贤人物。他们的思想、品德、事迹，是中华优秀传统文化的结晶。他们的故事，是对中华民族的禀赋、特点和气质最生动、最鲜活的阐释。他们的名字，在五千年中华文明史上最为光彩夺目。他们为五千年中华文明史书写了最为光辉灿烂的篇章。

为了解先贤，走近先贤，我们精心组织编写了这套《中华先贤人物故事汇》丛书。以详实可靠的史料为依据，以细腻动人的故事为载体，真实地呈现中华先贤人物的事迹、品格和精神风貌，彰显他们的贡献和功绩，以激发人们对国家民族的热爱，对中华文明、中华优秀传统文化的崇敬。

开卷有益，期待这套丛书成为你的良师益友。

目 录

导读

　　当人们游览北京故宫、颐和园和天坛等名胜的时候，无不被那壮丽辉煌的宫殿和精致典雅的楼台所折服，连外国友人和学者也由衷感叹："是什么人建造了这些无与伦比的建筑？"

　　少有人知晓，贯穿整个清代，有一个雷姓建筑世家，他们一家八代人投身清朝最高等级建筑的设计工作，许多皇家建筑，如宫殿、皇陵、园囿、坛庙、府邸、衙署、城楼、点景工程等，都曾由雷氏家族主持或参与设计建造，其遗留下来的作品中被列入世界文化遗产的就有故宫（北京故宫、沈阳故宫）、天坛、颐和园、承德避暑山庄和清东、西陵等，其成就之大，放在全世界文化遗产的设计者中也是绝无仅有的。此外，北海、中南海以及清朝皇帝数次南巡的行宫等，也都是雷氏家族设计的。

雷氏家族祖居江西永修，是当地有名的建筑世家。清代初期，雷家进京的第一人是雷发达（1619—1693），他凭借精湛的木工手艺，得到康熙皇帝的赏识，被提拔为工部营造所长班，广泛参与到皇家宫殿与园林的营建之中，为雷氏家族的兴旺奠定了坚实的基础，成为"样式雷"世家的发祥之祖。

从他的儿子雷金玉（1659—1729）开始执掌清朝皇家建筑的最高设计建造机构——样式房，直至清朝灭亡前夕，雷家的子孙雷声澂（1729—1792）、雷家玮（1758—1845）、雷家玺（1764—1825）、雷家瑞（1770—1830）、雷景修（1803—1866）、雷思起（1826—1876）、雷廷昌（1845—1907）、雷献彩（1877—?）等人都相继执掌样式房，所以雷氏家族就被誉称为"样式雷"，也有口语化的"样子雷"或"样房雷"等叫法。在清代，京城供职于内务府的官宦世家中，提起"样式雷"

的称号，无人不晓。

鉴于雷氏家族对清代皇家建筑所作的突出贡献，英国学者李约瑟在《中国科学技术史》中把"样式雷"在建筑科学和建筑艺术上的丰功伟绩介绍到国外，"样式雷"的始祖雷发达也被收入《世界著名科学家简介》之中，成为名扬全球的工程学家。

所谓的"样式"，是指在建筑工程开始之前绘制的图样（设计图）和按比例制作的烫样（微缩模型），充分体现了中国古代建筑技术的科学性和艺术性。长期从事建筑设计的雷氏家族，在吸收前人经验的基础上，形成了自己的一套模型制作流程和方法。

"样式雷"在进行宫殿、陵墓或园林设计前，会根据场地状况和皇帝或太后的要求，先画出直观详细的图纸，进呈皇帝或太后，皇帝或太后观看图纸并采纳设计方案之后，仍会提出一些新的具体要求。之后"样式雷"就会根据图纸的布局和帝、后的要求，按照一定的比例剪裁制作设计模型，并用一种特制的小型烙铁熨烫成型，"烫样"一名也由此而来。

在"样式雷"的烫样中，除了房屋建筑外，还包括山石、树木、花草、水池、船坞以及庭院陈设等。为了便于帝、后观览，"样式雷"制作的房屋模型的屋顶可以灵活取下，以便洞视其内部。有些烫样的内部还制作了一些室内陈设模型，如桌椅、床榻、几案等，还有些则注明了室内物件的置放位置、室内装修要求等。通过烫样，帝、后可以直观地看出建筑物是否符合自己的要求，并据此进行修改，直至满意为止。在后续的建造过程中，烫样还可以起到指导建筑施工的作用。烫样是雷氏家族在中国古代建筑领域的伟大创举，充满了中国式的智慧。

雷氏家族的声誉在第六、七代"样式雷"——雷思起和雷廷昌的时代达到了顶峰。同治年间重修圆明园时，雷家父子曾受到同治皇帝和慈禧太后的五次接见，成为清代建筑设计师无可超越的荣耀，当时京城中的很多达官贵人都以结交"样式雷"为荣。雷廷昌的长子雷献彩也供职于样式房，成为"样式雷"的第八代传人。

难能可贵的是，"样式雷"从第五代雷景修开始，就很注重雷氏家族制作的图纸和烫样等的收集保存工作。至今存世的"样式雷"图档包括雷氏家族所绘制的建筑图样（图纸）、烫样（模型）、工程做法（设计说明）、随工日记以及信函等相关文献，总量接近2万件，是名副其实的"清朝皇家建筑的纸上博物馆"。其中的1.5万件收藏在中国国家图书馆，其余大部分收藏在北京故宫博物院、中国第一历史档案馆、清华大学建筑学院、首都博物馆、北京大学图书馆、中国社会科学院图书馆等单位，另外台北故宫博物院也收藏了一部分，还有少量散落在了外国机构或个人收藏者手中，如日本东京大学就有两百多张样式雷图纸。

2007年6月20日，"中国清代样式雷建筑图档"被联合国教科文组织列入《世界记忆名录》，成为其中规模最大、内容最丰富的古代建筑设计图像资源。

"样式雷"图档反映了我国古建筑最后一个高峰期——清朝的最高建筑规划、设计水平，展现了清朝在科学技术、艺术等领域取得的高超成就，它们是非常值得继承和发扬的。此外，"样式雷"图档还是日后修葺、复原一些皇家建筑的重要依据。

一、雷发达进京

康熙八年初春的前门大街

康熙八年（1669）初春，一伙儿身着深青布棉袍、黑布大马褂，头戴黑布小帽的中年男子行走在前门大街上。

清代初期的北京，温度比现在低得多，明明已经过了立春，但杳萧的柳枝依然不肯吐出绿芽，只是在夹杂着黄沙的北风中凌乱地飞舞着。彼时的前门大街远不及日后繁华。"大栅栏"还被冷冰冰地唤作"廊坊四条"，虽然已经形成了"三纵九横"的格局，但还不是商业中心，并没有便宜坊烤鸭、全聚德烤鸭、同仁堂药店、马聚元帽店、内联升鞋店和瑞蚨祥绸缎皮货庄等著名商铺。

在这春寒料峭的日子，六必居酱菜店也乏人光顾。远没到举子进京考试的日子，大街两侧的各地会馆都没住什么人，旁边也就没什么售卖日用品和食品的小商贩了，鲜鱼口、猪市口、煤市口、粮食店等集市也都门庭冷落。

一股寒风袭来，卷起了大街中间近三米宽的青白石大道上积存的黄沙，灌进了在一侧青石路上行走的这群中年人脖子里，大家不由地更加瑟缩了起来。

这时，其中一个壮实的中年汉子看见了前方巍峨雄伟的前门五牌楼，他心底突然升起一股豪情，便径自站在原地欣赏了起来。

背后一人说："明所兄，停下来干嘛呀？咱们赶紧到会馆去歇着吧，赶了这么久的路，可是累坏了。"

这位叫"明所"的中年汉子就是雷发达。

雷发达的早年经历

雷发达是南康府建昌县(今江西永修县梅棠镇新庄雷家村)人，出生于明神宗万历四十七年

（1619）。雷家是江西有名的工匠世家，明朝初年朱元璋修建南京皇城时，他们的祖先雷本端就凭借自己高超的木工手艺而参与其中。到了嘉靖年间，雷氏家族又出了个大建筑师雷礼，曾担任工部尚书（相当于国家工程部部长）十多年，亲自主持或监督修建的皇室建筑不计其数。雷发达的祖父雷玉成、父亲雷振声和叔父雷振宙都是在本地数得上的木匠把式，其中尤以雷振宙的木工手艺最为精湛，在南康府一带木匠行里声名赫赫，一年中大部分时间都在外做工。

雷发达是父母的独子，家里的长辈都对他寄予厚望。受家庭环境的熏陶，雷发达从小就喜欢摆弄木头，一把小锯子、一柄小斧头是他童年最好的玩具。父亲给他的一堆下脚料经常被他玩出了花样，制作出许多迷你家具或小房子。

眼见他这么热衷钻研木工技术，父亲和祖父都着力培养他。雷发达长到十四岁时，在本地已经是有名的小木匠了，父亲和祖父为了他真正成才，就拜托雷振宙收他为徒。

此后，他就经常跟着叔父到南康府各地做木活儿，木工手艺在实践中日臻成熟。

当时正值明末，天下大乱，农民起义四起，社会很不太平，南康府肯花钱修建房屋的人越来越少。为了躲避战乱，也为了养家糊口，十六岁时，雷发达跟随祖父、父亲和叔父前往应天府（今江苏南京）讨生活。

在这个五方杂处的大都市里，那些辉煌壮观的城楼、宫殿和庙宇都使他眼界大开，经常一看就是半天。渐渐地，雷发达体会到，仅凭自己这点木工手艺还远远不够，得会设计这些富丽堂皇的大房子才是真本事。

在此后的二三十年中，雷发达一边继续磨炼自己的木工手艺，一边学习建筑绘图，随着经验的不断积累，他的建筑设计思想逐渐成熟起来。

只可惜明末清初天下大乱，先是农民起义军的火焰遍地燃烧，后是清朝与南明政权反复拉锯，雷发达一直没得到什么机会施展自己的才华。

雷发达被征召入京，雷发宣急来报讯。

皇帝征召

康熙朝（1662—1722）时国内基本安定下来。全国上下百废俱兴，年过四十的雷发达终于迎来了施展自己抱负的良机。

雷发达联合雷家兄弟，在南京组建了以自己为首的雷家班。雷家班既能设计建筑，又擅长木工活儿，能独立承包建房子的全套工程。几年之内，雷家班就在南京城打响了名号。

雷发达的子嗣也突然旺盛了起来。先是在他年届四旬那年迎来了长子雷金玉，此后几年老二、老三也相继降临，令雷发达对雷家的未来充满期待。

这天他正在逗小儿子玩，堂弟雷发宣（雷振宙的儿子）急急火火地闯了进来，上气不接下气，断断续续地说："大哥——，你——要——进京了。"

雷发达丈二和尚摸不着头脑，追问道："到底怎么回事？"

雷发宣待气息稍微匀称了一点儿，开始连贯地说了起来："现如今天下太平，到处都在建房子，京城更是大兴土木。前些日子，朝廷发下公文，说要征召天下能工巧匠，大修紫禁城，大哥你的名字被列到征召的木工名单里了。"

雷发达闻讯大喜过望，口中念叨着："祖宗保佑，我雷家真的要发达啦！"然后询问堂弟道："我要什么时候启程？"

雷发宣回答："初五，征召的所有江宁府（清朝初年，清军占领南京地区后，改应天府为江宁府）工匠在城北码头登船北上。"

雷发达思忖后说："就剩下三天，来不及回老家祭拜了。发宣，你赶紧通知几个弟弟，晚上在我家布置一下祖宗牌位，烧个香，祭拜一下列祖列宗。"

雷发达恍惚间想到三十多年前自己随父祖从老家来到应天府的情形，他在心中盘算着，自己年纪大了，又没有功名，怕是没法取得前辈雷礼那么大的成就了，但自己只要在京城扎下根，后代就有更多的机会。

当天晚上，雷家发字辈五兄弟在雷发达家中摆下祖宗牌位，恭敬肃穆地朝着南康老家方向遥拜祖先。雷发达叮嘱留下的兄弟好好辅佐雷发宣，继续在当地好好盖房子，守住家业；又叮嘱雷发宣在家好好看管金玉等子侄，让他们好好读书，将来考取功名才好在京城立足。

雷发达的愿望最终的确实现了。十多年后，堂弟雷发宣带着长大成人的雷金玉等子侄们进京，雷发宣辅佐哥哥做木工，而雷金玉等人则进入国子监读书。雷金玉后来还通过科举考试，被朝廷授予州同的官职，并进入样式房（相当于现在的国家建筑设计院）供职，凭借其精湛的木工手艺和深厚的人文修养，得到康熙皇帝的赏识，当上了样式房的掌案，成为严格意义上的第一代"样式雷"。

历代"样式雷"都很注重家族子弟的教育，"样式雷"子孙都是先进入国子监学习，再进入样式房传授工匠手艺，使雷家子孙成为极富人文修养的工匠。"样式雷"成为贯穿整个清朝二百多年大型皇家建筑设计工程历史的家族。

内务府的梁大人

仰赖大运河的发达水路网络和朝廷的征召命令，雷发达一行人乘着快船，日夜兼程，一路畅通无阻，不消二十天工夫就抵达了京城。

一行人到京城后，先被统一安排在了前门大街上的会馆暂住一晚。第二天大清早，众人还没缓过乏来，就要一起进紫禁城里的内务府造办处面见主事大人，领各自的活计。

主事的梁大人，是大名鼎鼎的清朝内务府主管工程营造的梁九。梁九比雷发达小了几岁，但他在明朝末期就已经是京城赫赫有名的大工匠。

明朝灭亡后，清朝仍然以北京为京城，朝廷贵族看中梁九的手艺，让他在内务府主管宫廷建筑工程。满汉官员都纷纷来巴结，久而久之，梁九不免恃才傲物，轻视他人，而且为了保住自己的地位，经常打压手艺不俗的同僚，生怕他们抢了自己的风头。

雷发达一行人在内务府小伙计的带领下，从侧门进入了紫禁城，七拐八拐，终于来到了设在紫禁城西边院墙附近的内务府。

他们进府时，梁九正在和其他几个主管皇家工程的官员商量重修太和殿的事情。待伙计通报后，梁九等人暂停了讨论，授意伙计将人领进来。于是雷发达等人都蹑手蹑脚地进到了屋内。

还没等梁九开口，旁边的小胡子官员就开口了："懂不懂规矩，见到梁大人还不赶紧下跪磕头。"

众人一听，赶紧跪下，参差不齐地说着"小人某某见过大人"之类的话。

梁九看着众人寒酸的打扮和窘迫的神态，嘴角不禁泛起一丝哂笑，说道："诸位师傅一路辛苦了，都起来回话吧。"

众人一一介绍自己的基本情况，梁九再根据各自的介绍来安排活计。

轮到雷发达禀报自己情况时，梁九心中一动，问道："你姓雷，又是江西人，那和前朝的工部尚书雷必进（必进是雷礼的字）雷大人有什么关系吗？"

雷发达瑟缩地回答："按辈分，雷大人是我的曾祖辈，我们两家的先人——"

"行啦！那就是没啥关系啦。"雷发达话还没说完，梁九就打断了他。

"你们后面几个师傅都跟着郭大人摆弄南边儿运过来的楠木料吧，多打几把好椅子。" 梁九又转头对旁边的小胡子官员说，"郭大人，你就具体给他们介绍一下各自的活计吧。然后预支点儿银子，让师傅们在京城都找个落脚地儿。没事时督促他们练练京师的官话儿，这呀呀渣渣的，听着太费劲了。"说着就一摆手，示意大家退下了。

二、金殿封官

重修太和殿

小胡子官员名叫郭二，年龄不过二十几岁，因是顺治朝（1644—1661）工部尚书郭科的同族亲戚，而被授予一个七品官职，在工部任职。他此番得知要重修太和殿，特意申请调来主管木构件制作事宜，就是为了立功升官的。

郭二木工手艺一般，不过为人却十分机敏灵活，很擅长察言观色，尽管刚调来内务府不久，但已经深得梁九大人的喜爱。梁九在交代郭二带领雷发达等人做木活儿时，表情复杂地看了郭二一眼，郭二立马心领神会地翘了一下嘴角。

郭二带着雷发达等人来到另一房间，说明了一下他们的任务。原来是紫禁城的太和殿年久失修，需要大力修缮一番。雷发达等人作为江宁府有名的木工匠人，主要负责加工南方运过来的楠木材料，制作太和殿的建筑构件，以及修理和制作殿内的家具陈设等。

"太和"二字寓意宇宙万物协调，太和殿是紫禁城的三大殿之一（其余两个为中和殿和保和殿），位于紫禁城的中间位置，建在三层汉白玉石阶上，全殿内外立有72根金漆大柱子，是紫禁城内体量最大、装饰最美、地位最高的宫殿，也是中国现存最大的木结构大殿。明清两朝有24个皇帝在这里举行盛大典礼，如皇帝登基、大婚、册立皇后、武将出征等。此外，每年万寿节（皇帝的诞辰）、元旦（中国古代元旦指的是农历正月初一）、冬至三大节，皇帝都会在这里接受文武百官和外国使节的朝贺。这里是皇权的象征，通常被人们称作"金銮殿"。

明朝修建太和殿等宫殿的木料，都是从四川、贵州、湖南、湖北等省的深山老林里面采伐的上等楠木。那些地方条件恶劣，人烟稀少，猛兽出没，在采集楠木的过程中，病死、摔死、被动物咬死的人不计其数，以至于四川地区流传开一首民谣："入山一千（人），出山五百（人）。"古代交通不便，人们把楠木砍倒之后，还要等到下大雨，利用山洪把楠木冲下山，再通过河流运输。这些楠木料通过水路进入长江，然后经过大运河或沿海北上进京。一根作栋梁用的楠木大料，从进山采伐到最终运到北京，可能要花费四五年时间。

为了收集足量的大木料，清朝的内务府和工部已经忙活好久了。与明朝时期不同的是，刚刚稳定下来的清朝，为了不激起南方民众的反抗情绪，他们选用了一部分原来太和殿还堪用的大木，其余需要替换的承重大木则从东北的深山里采伐巨大的红松，这样对南方百姓的惊扰就稍微小一点儿。不过用来建造斗拱和装饰、家具等的木料，还是选用了从南方运来的楠木。后来实在采集不到粗大的深山红松用作最重要的顶梁大柱，而当时太和殿的顶梁木又已经开始朽烂，无奈之下，他们干脆就把明朝的一座陵墓的墓上建筑拆除了，把其中的顶梁楠木运过来代替。

雷发达等人刚安顿好，正月二十六日，太和殿的重修工程就全面开启了。

雷发达和工友们辛辛苦苦干了将近一年，终于赶在冬至节前夕完成大殿的全部重修工作，其余梁木都已安装齐备，只需要装上最粗大的顶梁大柱就万事大吉了。

在此期间，雷发达精湛的木活儿手艺令同事们都敬佩不已，不过担任领班的郭二为了不让他抢风头，处处压制着他。雷发达也不气恼，只是尽力做好自己分内的工作。

不过尽管雷发达处处低调行事，但他木工手艺高超的名声还是传到了汉族工部尚书王熙的耳朵里，王大人很想提拔一下他，但碍于清朝倾向于扶持满族官员的政策，再加上梁九和郭二的阻挠，一时还得不到机会。

太和殿上梁

太和殿举行上梁仪式这天，康熙皇帝亲临现场观礼，工部和内务府的主要官员都侍立左右。

太和殿前张灯结彩，扬幡张旗、装点一新，门前贴着的一幅烫金对联在阳光照耀下闪闪发光，上联："喜逢黄道日"，下联："欣遇紫薇星"，横批："紫气东来"。石基上用汉白玉栏杆围护的宽阔平台上，早已摆好香案。

一行人在梁九的主持下，先叩拜康熙皇帝，后焚香申表（恭读向神奏告的表章），拜山神、土地神，又拜太公、鲁班、火神等四方神灵。

拜罢，最后是上梁。

随着梁九大人一声吩咐，数十名身着青衣黑褂的工匠在雄壮的号子声中，抬着一根巨大的楠木大梁走了进来。大梁上贴着一个工整的八卦阴阳鱼图案，两旁有一副对联："上梁逢六马，立柱遇三麒。"（所谓的"六马"谐音"禄马"，是古代的相术用语，寓意主人大富大贵；"三麒"谐音"三奇"，指"子、丑、亥"三地支，都是命理学上的吉星。）中间五颜六色的彩绸迎风飞舞，煞是好看。

在一片震耳欲聋的鞭炮声中，楠木大梁徐徐升起，眼看就要架到屋顶中间了，观礼的文武官员和工匠们纷纷作势准备欢呼鼓掌。

只听"咯噔"一声，大梁和屋顶梁架的榫卯开始接触了，紧接着又"咯噔""咯噔"响了几声。懂行的官员和工匠们反应过来，这是榫卯没对上。于是大家都悄悄地把手缩回长袖子里，神情紧张地注视着梁上官员的动作。

此时，少年老成的康熙皇帝眼看要错过吉时，不免露出了不悦的表情。

一旁侍立的满族工部尚书吴达礼看在眼里，急在心上，心中暗骂自己不该听信郭二的吹嘘，保举他金殿上梁，这要是上梁失败，搞不好郭二要被杀头，自己也得吃瓜落儿。上一任满族工部尚书恩额德可是刚上任四个月就因办事不力被拿下了，自己才上任一个来月，这尚书的椅子都还没捂热呢，难道就要被拿下来了？

吴达礼越想越紧张，豆大的汗珠透过官帽的帽檐，一滴接一滴地从额头上滚落下来。

这时，他身旁的汉族工部尚书王熙小声说道："吴大人，下官知道一能工巧匠，也许可以解今日之急。"

吴达礼闻言，赶紧放下身段，双手抱拳，诚恳地说道："敢请王大人赐教！"

"不过此人是汉人。"王熙接着说了一句。

"满汉一家亲，再说，现在顾不得那么许多了，能者为先。"吴达礼硬着头皮回应。

"此人是白身（指无官职、无爵位的平民），上梁恐不合规矩。"王熙进一步解释。

"哎呀，这都不是事儿，赶紧让郭二下来，把官服脱下来给他换上。"吴达礼这时急得如同热锅上的蚂蚁，完全顾不得满汉之分、贵贱之别了。

"得令！下官这就去办。"王熙回应一声，马上对旁边的侍郎耳语了几句，侍郎就径直走向大殿，而王熙则转身快步走到雷发达所在细木活儿匠人行列之中。

木工师傅们一见尚书大人来到近前，无不跪拜行礼。

王熙俯下身子对跪着的雷发达说："雷师傅，听闻你木工手艺超卓，上梁之事是否有把握？"

雷发达闻言略微思索了片刻，回答道："小人看这大梁的卯口应该是与屋架的榫口不合，得用斧子整治几下。"

王熙马上转身对旁边的官员说："赶紧去取一柄能藏进官服袍袖里面的小斧子来。"又回过头扶起雷发达说道："雷师傅，事不宜迟，赶紧随我来。"

王熙和雷发达绕到大殿一侧，见到刚从梁上下来的郭二早已脱下官服在北风中瑟缩着等候了。原来刚才侍郎进到大殿，就是要让郭二下来脱官服换人。

郭二上梁原本是为了领功，这下倒好，功是肯定没有了，脑袋还能不能保住都不一定。正在他万念俱灰之际，得知有人来替换，真是惊喜交加，立马就跌跌撞撞地下来了，这时别说官服脱给别人用了，官职让给别人都行啊。

此时一见雷发达来了，郭二仿佛看到了救星，满面羞愧地跑过去握住雷发达的双手说道："雷师傅，我可全指望您了。"

王熙急忙打断他："事不宜迟，赶紧换官服。"

雷发达立刻手忙脚乱地换起了衣服，他此前没穿过官服，显得很生疏，郭二完全没了平日的骄

雷发达整治梁架的卯口。

横，毕恭毕敬地帮雷发达穿上官服。这时另一位官员恰好递过来小斧子，雷发达右手接过来，立马掖进左手的袖子里。

雷发达紧跟着领路官员来到顶梁大柱跟前，三下两下就爬到了梁架位置，迅速抽出左袖里藏着的小斧子，对着梁架的卯口"咔、咔、咔"敲了几下，然后赶紧又掖回袍袖里，朝下面喊了一声："起！"

众人再次徐徐升起了楠木大梁，这回大梁稳稳地架到了屋架中间。

观礼的文武官员和工匠们，见到这突如其来的一幕，先是愣了愣神，然后鼓乐齐鸣，文武百官三呼"万岁"，宣告上梁礼成。

年轻的康熙皇帝露出了一丝笑意，对旁边惊魂甫定的工部尚书吴达礼伸手示意，吴达礼赶紧正了正官帽，跪在康熙皇帝面前。

只见年轻的皇帝面带微笑地说："去把刚才那位官员带到乾清宫，朕要见见。"

吴达礼马上回应道："喳！奴才这就去叫。"

金殿封官

吴达礼赶到顶梁大柱跟前时，雷发达刚从屋梁上下来，正要脱下官服还给郭二，吴达礼赶紧说道："别脱！皇上要见你。"

雷发达见到尚书都有点哆嗦，一听要见皇上，脑子里突然"嗡"的一声，晕头晕脑地跟着吴达礼往前走。

雷发达在皇帝面前结结巴巴说不出话来，基本都是同去的汉族工部尚书王熙在帮忙答话。

康熙皇帝见雷发达恭顺紧张的样子，感觉煞是好笑，笑着说道："朕见你手艺精湛，这身官服既然穿上了就不用脱了，工部木工活儿那一摊子就交给你吧。"

在王熙的一再提醒下，雷发达这才稍微稳下些心神，叩谢后就退下来了。

很快，康熙皇帝的任命正式下达，雷发达由一介普通工匠晋升为工部营造所"长班"，成为梁九的副手。

一时间，宫廷内外流传开了"上有鲁班，下有长班；紫微照命，金殿封官"的传说。

得到康熙皇帝御赐的官职，雷发达就算在京城扎下根儿了。

到了康熙二十二年（1683），雷发达又借皇家建筑再度大修的机会，把江宁府的堂弟雷发宣和长大成人的雷金玉等子侄接来京城。

原来处处压制雷发达的领班郭二，在鬼门关前走了一遭后，认清了自己的不足，从此老老实实地跟着雷发达学习木匠技术，手艺精进不少。

在一百多年后的道光五年（1825），当时的样式房掌案、雷发达的曾孙雷家玺去世，雷家玺临终前担心二十出头的儿子雷景修缺乏经验、难以胜任掌案的工作，便保举同事郭九担任掌案一职，而这郭九正是郭二的后人。雷景修也不以为意，诚心跟着郭九叔叔学习样式房的各项工作，兢兢业业奋斗了二十多年，终于全面继承了"样式雷"的建筑技艺，积累了丰富的经验。郭九也有意栽培雷景修，并在道光二十九年（1849）去世前夕保举雷景修继承掌案之职。

"样式雷"家族历史上的这一传奇插曲，除了说明雷、郭两家世代交好的真情厚谊外，也充分证明样式房掌案的官职并非世袭，"样式雷"建筑世家名声的打造，是历代雷氏家族掌舵者辛勤奋斗的结果。

　　原本看不起雷发达的梁九，也在见识过雷发达的精湛手艺后改变了看法。两人后来愉快共事，通力合作，为康熙皇帝修复、重建了不少宫殿园林。

　　在后来的工程实践中，雷发达按比例制作精致烫样的手艺令梁九佩服不已，于是梁九虚心向雷发达请教烫样的制作手法。所谓"烫样"，是指在图样基础上，用硬纸板（类似现在的草纸板）按一定比例剪裁制作的一种建筑模型，会用一种特制的小型烙铁熨烫成型，所以被称为"烫样"。

　　雷发达毫不藏私，倾囊相授。这更令梁九悔恨自己的小家子气，也开始毫无保留地和雷发达探讨建筑工程问题，传授自己的心得和技能。

　　梁、雷二人在皇家建筑的工程实践中，为了方便工作、有据可依，经常把一些皇家建筑的相应规格和建造规范写下来。这种把建筑规范写出来的做法被后来的继任者们所沿袭。雍正十二年（1734），工部颁布了雍正皇帝钦定的《工程做法则例》，对皇家建筑制度作了严格的规范，以其规范齐整，极大凸显了皇家的权威。

雷发达上梁的太和殿在康熙十八年（1679）冬天的一场大火中被烧毁，而当时的清王朝正面临内忧外患，无暇顾及太和殿的重建。直到十六年后的康熙三十四年（1695年），康熙皇帝才从繁忙的政务中喘过气来，下令重建太和殿。

为了显示清王朝的蒸蒸日上、国基永祚的气势，并突出皇帝至高无上的尊严，康熙帝对重建的太和殿，无论在建筑规模上，还是在造型艺术上，都提出了十分高的要求。

当时，雷发达已经去世，重建太和殿的重担就由七十多岁的梁九一力承担。为了确保工程顺利进行，梁九施展从雷发达那里学到的烫样绝技，亲手制作了一个太和殿的模型。后来整个太和殿的重建，完全是按照梁九的模型放大、组装的，每一个构件安装起来都能严丝合缝，分毫不差。梁九设计重建的太和殿，结构合理，工艺完美，比以前的更为宏伟壮丽，至今仍然矗立在北京故宫博物院。太和殿重新建成那天，梁九由衷地感激并怀念雷发达。

三、雷声澂接续样式雷

雷金玉的辉煌与遗憾

在父亲的悉心教导下，雷金玉的木工手艺突飞猛进，几年后就参与修建了清代第一座规模宏大的皇家园林——畅春园。

在畅春园正殿"九经三事殿"的上梁仪式上，康熙皇帝眼见一个似曾相识的背影"蹭蹭蹭"上了房梁。在他的指挥下，顶梁大柱稳稳地落在了屋架中间。

在此后的接见中，康熙皇帝得知雷金玉就是多年前太和殿上梁的雷发达的儿子，内心甚是宽慰，赞叹虎父无犬子。更令康熙帝欣喜的是，雷金玉毫无雷发达当年的拘谨，而是应对自如，谈吐不凡。当得知雷金玉出身国子监，并考有功名后，康熙帝龙颜大悦，当即封雷金玉为内务府样式房的掌案，专门负责为皇室建筑出样式，雷金玉由此成为了严格意义上的雷氏家族第一代"样式雷"，正式开启了绵延七代、与清王朝相始终的"样式雷"家族的勃兴之路。

雷金玉担任内务府样式房的掌案四十多年，参与了许多皇家宫殿和园林建设工程，因其高超的木工技术和精巧的"样子"（建筑的画样和烫样）设计，"样式雷"的大名在北京城尽人皆知。

尤其是雍正皇帝即位后，大规模扩建圆明园，年过六旬的雷金玉老当益壮，应诏担任圆明园的样式房掌案，从此开启了"样式雷"家族和圆明园之间此后一百多年的紧密联系。

胡须花白的雷金玉不辞辛劳，亲自带领样式房的工匠们设计和制作圆明园亭台楼阁和园庭的画样和烫样，指导现场施工，对圆明园的设计和建设立下了汗马功劳。主管圆明园建设的大臣对雷金玉十分钦佩，就连雍正帝也对他不吝赞美之词。

在圆明园施工期间，雷金玉迎来了自己的七十虚岁。"人生七十古来稀"，古人对七十大寿相当重视，听闻此事的雍正帝授意皇子弘历书写"古稀"二字匾额相赠。

接过匾额的雷金玉既感恩戴德又诚惶诚恐。七十寿辰后不久，他就派自己的本族亲信将匾额运回故乡，供奉在雷家的祖居大堂上，整个雷氏家族和家乡父老都倍感荣耀。

雍正十三年（1735），雍正皇帝驾崩，皇太子弘历登基，次年改元乾隆。这样一来，雷家留在故乡的子弟们更是对乾隆皇帝亲题的"古稀"匾额视若珍宝，安排了专人看守，每逢节庆必定举族前来叩头行礼。

在送走"古稀"牌匾的前一天，雷金玉把自己关在书房里，久久地看着匾额，回顾着雷氏家族的发展历程，也思虑着自己这一生的得失。

雷金玉娶了五房妻妾，生了四个儿子，但不无遗憾的是，这四个儿子竟然都不是学木工的料。眼瞅着父亲和自己两代人打造出来的"样式雷"金字招牌后继无人，他心中十分难过。左思右想后，他决定再纳一妾，希望能生出个延续"样式雷"名号的子嗣。

不顾五房妻妾和四个儿子的强烈反对，年迈的雷金玉从江西老家迎娶了年轻的张氏。张氏倒也争气，第二年秋天就生下一子——雷声澂（chéng）。

雷金玉冷静料理身后事

雷金玉抱起刚出生的雷声澂，不禁老泪纵横，心中升起了无限的期盼。

不过年过古稀的雷金玉对自己的身体有着清醒的认识，自知命不久长，需要早做打算。于是，他强打精神，登门探望生病在家的样式房二号人物——郭学礼。郭学礼的父亲就是前文提到的郭二，郭学礼因为在郭家兄弟辈中排行老五，因此被称为郭五。

当年郭二在太和殿上梁仪式上被雷发达的精湛技艺折服之后，就收起了自己的傲慢，老老实实、一心一意地跟着雷发达干工程、学手艺。在雷发达和梁九相继去世后，郭二继续辅佐年少成名的雷金玉，兢兢业业，任劳任怨，令雷金玉十分感佩，雷、郭两家也因此交好。

郭二去世后，雷金玉也有意栽培郭二的儿子郭五，郭五的木工技术也因此日趋完善，一步一个脚印地爬上了样式房"打二"（二号人物）的位置，成为雷金玉的接班人。

这番雷金玉前来探望郭五，郭五当即表示以后会好好培养雷声澂，让他进入样式房，接续雷发达、雷金玉父子的建筑香火。

雷金玉担心自己去世后雷声澂母子遭其他家人欺凌，不得不留一些后手。他塞给郭五一张500两的银票，言明这是前几天圆明园拨付的一笔工程款，家里人不知道这笔钱。

回家之后，雷金玉依旧心有不安，于是又立下一份遗嘱，令张氏母子留在京西郊海淀镇槐树街雷氏老宅，其他的五房妻妾和四个儿子都在自己百年之后随灵柩回到江宁（南京）生活。

三个多月后，雷声澂刚过百日庆典，年老体衰的雷金玉就撒手人寰了。

临终前，雷金玉保举郭五继任样式房掌案。

雍正皇帝赏赐雷家黄金百余两，下诏特许雷金玉棺椁通过驿道和驿站运回江宁府江宁县，安葬在江宁县安德门外的西善桥，并设碑立志，以示嘉奖。

雷金玉的其余五房妻妾和四个儿子瓜分了家产，遵照雷金玉的遗嘱，随灵柩回到江宁生活。

可怜年轻的张氏怀抱刚过百日的幼子，面对着空荡荡的雷氏老宅，茫然无措。

雷声澂的幼年时光

张氏遇此变故，一时之间觉得自己母子俩生计没有着落，惶惶不可终日。

过了些日子，从病中康复的郭五前来拜访，拿出了那张面额500两的银票，告知三个多月前雷金玉的嘱托，并许诺一定好好培养雷声澂，待到雷声澂年满十四岁就把他领进样式房，正式学习木工活儿，争取让他接任样式房掌案。

张氏静静听完郭五的一番话，心里重新升起对生活的热望，并暗下决心一定要把雷声澂培养出来，接续"样式雷"家族的荣耀。

张氏感谢郭五之后，提及雷金玉留下的500两银票是应急钱，还是拜托郭五代为保管。

郭五告辞之后，张氏仔细考虑了一番，她把自己所有的金银首饰都收拾出来，第二天一大早就去典当了一包银两，买回一架织布机，重新干起了自幼熟悉的织布活计。她起早贪黑，辛勤织布，把家撑了起来。雷声澂就伴随着母亲的织机声慢慢长大了。

虽然日子清苦，张氏却从来没敢忘记雷金玉让孩子好好读书的嘱咐。雷声澂稍微懂事儿之后，张氏就在郭五的帮助之下为他请来了私塾先生。

在读书之余，张氏还时不时地拿出雷金玉遗留下来的一些图样和烫样，让老仆人给雷声澂讲雷金玉的事迹。

雷声澂长到六七岁以后，张氏请郭五带他去北京城里的一些建筑工地，让他从小就熟悉木工的工作环境。

幼小的雷声澂眼看着一块块平地或山坡上逐渐架起来一大片各抱地势、钩心斗角的精美建筑，内心无限向往，暗下决心一定要继承祖先的手艺，接续家族的荣耀。

慢慢地，雷声澂越来越多地向母亲讨要父亲的图纸和烫样，看的时间也越来越长，后来还拿起纸笔照着描摹起来。

张氏看在眼里，喜在心上，但担心儿子这样随意画会画不好，又请郭五抽空来教他画图技巧。

雷声澂学木工

一晃雷声澂十一二岁了，已经是一个知书达礼的翩翩少年了。这年金秋时节的一个傍晚，结束了一天学业的雷声澂正在帮助老仆人摇煤球。张氏秉承勤俭持家的原则，除了给雷声澂请教书先生之外，绝不动那500两银票。她有意培养雷声澂刻苦耐劳的品质，经常让他帮助老仆人干各种活儿。

这时，大门外传来一阵咳嗽声。雷声澂放下手边的活儿，笑盈盈地迎了上去，只见一个身材魁梧的苍髯老者叼着个烟袋锅子迈步进门。雷声澂规规矩矩地给老者作了个揖，高兴地说道："郭叔，您来啦！"

来人正是郭五。张氏闻声从里屋走出来，笑容满面地给郭五行了个礼，然后问道："五爷，您今儿怎么得空啦？"

郭五说："今儿刚好干完活儿，明儿要赶下一个工地，这不趁有点儿空，赶紧来看看我小侄儿嘛。"

郭五一边说着，一边从随身的褡裢里面摸出一个刨子，低下头笑眯眯地对雷声澂说："来，澂儿，看郭叔给你变个戏法。"

说罢，他把刨子在烟袋锅柄上轻轻那么一拉，但是一点儿刨花都没有。

然后，郭五把刨子放在嘴边轻轻一吹，只见一缕轻盈的薄丝儿就从里边飘了出来。

这一幕把雷声澂看愣了，他立马央求郭五教他。

郭五抚着雷声澂的肩膀说："不错，我雷大哥终于是得着一个喜欢木匠活儿的儿子。澂儿，我刚刚能从刨子里吹出薄丝儿，全仗着这刨子刃儿快。这也是当木匠要学的第一课，就是磨刀刃。"

雷声澂笑着说："郭叔，磨刀刃不难呀，我磨

郭五叮嘱少年雷声澂要重视磨刀刃。

过菜刀。"

郭五严肃地说："澂儿，你可千万别小看这件事儿，要知道只有得着趁手的家伙什才能干好木活儿。磨这种平刃儿还是小能耐，你得学着把锯子的锯口、凿子的凿口磨得很锋利，要不然你锯出的木料、凿出来的木穴坑坑洼洼的，最后连房子的框架都不能完全合上茬口，房子盖完也不牢靠，那可是容易出人命的。"

看到雷声澂脸上也严肃起来，郭五拍拍他的肩膀，说："你这两年就好好练练磨刀刃吧，等你这个本事练好了，到你十四岁那年，我就可以带你进样式房跟正经木匠学盖房子。但是记住，不要图快，慢慢磨，慢慢想，这是你以后吃一辈子饭的家伙。"

雷声澂认真地应承了下来。

磨刀具是木匠学徒的最基本的必修课，因为想要做好活计，就得有趁手的工具，而工具的好坏直接取决于刃具的好坏。如果刃具磨不好，那一切木工活儿都无从做起。学习磨刀具也是一个磨炼性情的好机会，着急的人和使蛮劲儿的人都磨不好，只有细致耐心地思考，找到适合自己的方法，用正确的姿势、合适的力道，才能磨好刀具。这门手艺是木匠受用一辈子的本领。

雷声澂先磨幅面宽些的刃具，慢慢寻找适合自己的方法，用了一年半时间，吃了很多苦，终于在一个炎热的夏季傍晚，突然发现自己磨的刃具刨出可以吹起来的薄丝了。这可是让雷声澂兴奋了一整天。

但他随即又沉下心，开始试着磨窄幅的刃具了。

这时的雷声澂经验丰富多了，磨窄幅刃具进展很快，两三个月就熟练掌握了磨窄幅刀刃的技巧。

更重要的是，经过将近两年磨刃具的锤炼，雷声澂性子沉稳了不少，稚嫩的脸上增添了成熟与平静的表情。

雷声澂的这一变化让年过花甲的郭五大喜过望，心中为已故的雷金玉庆幸不已。

第二年正月底，天气稍稍转暖，郭五就把少年老成的雷声澂带进了样式房，让他跟着众多老师傅学习木工手艺。匠人们知晓雷声澂的家世，都经常提点他。在木活儿的实际操作过程中，雷声澂也很用心地学习和观察，木工手艺突飞猛进，还不到二十岁，他就进入样式房的十六个正式匠人名录了。

一度式微的雷家，终于又在京城的皇家建筑工程界站稳了脚跟。

四、雷声澂巧设乾隆花园

　　故宫有四大花园：御花园、建福宫花园、慈宁宫花园和宁寿宫花园，其中宁寿宫花园是在乾隆三十六年到乾隆四十一年之间（1771—1776）修建的，后人又称之为"乾隆花园"。

　　乾隆花园是由"样式雷"设计的，此前大多的记载都说是雷声澂的第二个儿子雷家玺设计的，不过从建园时间推断，这个"样式雷"应该是雷声澂本人。

　　查雷家的族谱可以知道，雷家玺是公元1764年出生，公元1771年宁寿宫花园开始建造时，雷家玺还只是一个七八岁的孩童，不可能担任花园的设计工作，而当时雷声澂刚刚年过四十，正是年富力强的时候，已经在样式房供职多年，技术精湛，经验丰富，所以应当是雷声澂主持设计了宁寿宫花园，并长期担任现场监督指导和方案修改工作。

乾隆皇帝的颐养天年之所

乾隆三十六年（1771），乾隆皇帝已经六十一（虚）岁了，刚刚给母亲崇庆皇太后举办过八旬万寿盛典。庆典当天，他和皇太后端坐在殿台之上，接受殿下文武百官和各国使节的祝贺，看着自己成群的儿孙在台下其乐融融，乾隆皇帝喜不自胜，感觉自己在位三十多年来政绩斐然，天下太平，百姓安居乐业，便想给自己建一座精致的花园颐养天年。

乾隆皇帝确定了想法之后，就思忖着在紫禁城找一个地方修园子。经过一番观察，他选定了他居住的养心殿西边的宁寿宫，这是当年康熙皇帝为了给皇太后颐养天年而修建的。宁寿宫里有不少空地，很适合扩建，而且宁寿宫在紫禁城的东北角上，比较清静，也适合建花园。于是，乾隆皇帝下旨给工部，让他们筹划这件事。

有一天，乾隆皇帝和往常一样在乾清宫批阅奏折。其中一封有关苏州园林的奏报引起了他的注意，奏报上说苏州最近几年又修了不少别具一格的精致园林，希望皇帝能前去视察一下。

这让乾隆皇帝猛然间想起了扩建宁寿宫的事情，于是他对身旁侍候的内侍太监说："这一晃几个月过去了，宁寿宫修园的事，可有回奏？"

内侍太监说："奴才听说工部找了个人，正在制作烫样呢。"

乾隆皇帝一听，觉得下边儿没把这当回事，不悦地说："工部找的谁？怎么这么不把朕的事情当回事儿。"

内侍太监回答："奴才也不记得具体的名字，就知道那人外号'样式雷'。"

"哦——"乾隆皇帝想起四十多年前，自己曾经给一个人称"样式雷"的老工匠写过一幅匾，现在这个"样式雷"莫不是那老匠人的后代？

于是乾隆皇帝说道："听着耳熟。你去样式房传朕的口谕，让他半个月之内赶出烫样，呈给朕观览。"

内侍太监面有难色地说道:"前一阵子奴才差人去找过,样式房的工匠们说'样式雷'为了建好这个花园,专程去苏杭一带看园林了。奴才还不知道他现在回来没有?"

乾隆皇帝闻言,心中暗赞这是个做事认真的人儿,于是缓了缓语气,说:"哦,那传朕口谕让他尽快回来,一个月赶出烫样吧。"

"喳!奴才这就去办。"内侍太监不敢怠慢,赶紧去了一趟样式房。

雷声澂为皇命奔波

年纪轻轻的雷声澂正式入列样式房之后,凭借其高超的木工手艺和过人的悟性,一步一个脚印,不断提升着自己在十六个工匠中的排名,不到四十岁就技压群匠,晋升为样式房的掌案,正式成为第三代"样式雷",接续了雷家的荣耀。

乾隆时期正值清朝国力强盛,京城内外大兴土木之际,成为样式房掌案后,雷声澂主持设计建造了不少大型皇家宫殿，这令"样式雷"的名号再度誉满京师，京城的官员百姓多称其为"样式雷"，他的真名反而没有太多人知晓了。

三个月前，工部刚接到乾隆皇帝的旨意，就派人把旨意下到了样式房，交由掌案雷声澂负责制作烫样。

雷声澂不敢怠慢，立即向工部申请，由工部出面交涉，安排自己和样式房的几位同僚亲往宁寿宫勘察地形等现状情况，绘制了地势、风水形势等图样。

此外，雷声澂还申请工部允许他前往查看此前紫禁城各处宫殿的图纸，仔细研究了几天，既为学习前人设计的可取之处，也为避免自己的设计和之前的重了样儿。

之后，心思细密的雷声澂使了些银子，从内侍太监那里打探到了乾隆皇帝修建宁寿宫花园的确切目的，又了解到乾隆皇帝在此之前已经四下江南（分别为1751年、1757年、1762年、1765年，此后又在1780年和1784年两下江南，前后共计六次），十分喜欢苏杭的园林。

雷声澂心里有了底之后，决定亲自去苏杭考察一下那边的园林，以确保自己设计建造的园子能让乾隆皇帝满意。

他交代样式房的其余工匠们代为筹备工料之后，就带上了几位比较年轻机灵的工匠，快马加鞭，走陆路经过直隶（大致包括今河北省和北京市、天津市）、山东到达江苏清口（今江苏省淮安市），从清口的徐家渡口渡过黄河（当时黄河还没有改道，仍是由淮入海），然后乘船沿着大运河南下，先后考察了扬州、苏州和杭州的园林。之后一行人又赶紧沿运河北上，在山东德州登岸，由陆路赶回了北京。这一个来回饶是行程紧凑，可也耗去了将近三个月时间。

这天雷声澂一行人刚刚赶回京城，一路鞍马劳顿，但他心里装着乾隆皇帝的差事，都没敢回家就先直奔样式房了。

雷声澂迅速了解了一下这两三个月的公事，觉得一切按部就班，还比较满意，就准备回家洗个澡缓缓乏，明天再来。

就在雷声澂一脚门里一脚门外的时候，正好看到前方一伙人急火火地赶来，为首的正是乾隆皇帝的那个内侍太监。他顾不得寒暄，简单明了地交代了皇帝的口谕。

雷声澂拜谢内侍太监之后，立刻返回样式房，把同僚们都召集起来商讨公事，分配任务。

样式房的工作流程

样式房是清代皇家建筑的设计和监管施工机构。通过对历代样式雷供役时所记的工作日记的整理，我们可以清楚地知道，他们参与了皇家建筑的勘察、设计、勘估和施工的全过程。现以宁寿宫花园为例，简要地谈一下样式房的工作流程。

前文提到，雷声澂等人前往宁寿宫勘察地形并绘制地势、风水图样，这是样式房在工程勘察阶段的主要工作。

接下来，雷声澂把同僚召集起来商量设计思路和分配任务，这就属于设计阶段的工作范畴了。因为雍正十二年（1734），工部颁布了《工程做法则例》，对宫廷营建的坛庙、宫殿、陵寝、仓库、城垣、王府等建筑都制定了严格标准，样式房的工匠们很难再在建筑形制上搞出新花样了。雷声澂深知此点，经过一番商讨之后，雷声澂授意几位同僚先仿照紫禁城的规制，做一些缩小处理，但画出的图样务必保证殿阁楼台亭斋轩馆无不具备，一定要满足乾隆皇帝对排场的要求，要让宁寿宫成为整个紫禁城最具特色的建筑群落。

雷声澂自己则另辟蹊径，准备仿照苏杭园林的风格设计，把宁寿宫西北角的一块空地设计为花园。花园的建造没有严格的制度要求，可以采用非对称设计，使花园显得既灵巧、新颖，又不失典雅。刚刚考察完江南园林的雷声澂决定亲自画图并赶制烫样。

紧接着，样式房的工匠们各司其职，紧锣密鼓地进行着各自的设计工作。

雷声澂把主要的精力放在了宁寿宫花园的设计上。他把这片南北长160米、东西宽37米的花园分为四进院落，每个院落的景象各不相同，相当于四个小花园，都依照苏杭园林的风格精心设计了一番，结构紧凑，空间灵活，气氛各异。整个园子的二十几个建筑，屋顶形式多样，色彩丰富。南北中轴线前半部笔直，后半部略向东偏，曲直相间，变化有度，既不失皇家园林的典雅气氛，又有着江南园林的玲珑隽秀。

雷声澂先用一周时间画出了详细的图样，进呈给工部的主管大臣。工部的大臣看后十分叹服雷声澂别出心裁的精巧设计，第二天便携图样进呈乾隆皇帝。乾隆皇帝接过图样仔细观看，连连点头，心中暗喜："真不愧是'样式雷'的传人，设计新颖独特，颇合朕意。"他赞许了雷声澂的设计方案，并对一些建筑的内部装饰提了一些具体要求，命雷声澂一个月内进奉烫样。

得到皇帝的许可并仔细记下要求之后，雷声澂立马带领工匠们赶制宁寿宫花园烫样。

在"样式雷"的烫样中，除了房屋建筑外，还包括山石、树木、花草、水池、船坞以及庭院陈设等。房屋模型的屋顶可以灵活取下，以便洞视其内部，如梁架结构、内檐彩画式样等。烫样上还贴有表示建筑各部尺寸的标签。有些烫样的内部有一些室内陈设，如桌椅、床榻、几案等，有些是注明室内物件的安放位置、室内装修要求等。

通过烫样，皇帝可以直观地看出建筑物是否符合要求，并据此进行修改，直到皇帝满意为止。

二十多天后，雷声澂按时上呈了花园烫样。乾隆颇为满意，又将自己对各个建筑内部陈设和装饰的要求写在纸上，直接贴在了建筑烫样上。

雷声澂接回烫样后按照皇帝的要求进行了一番改动，之后再次上呈。乾隆皇帝取下各烫样的屋顶，仔细观览之后，终于满意地说："就按照这样建花园吧。"

之后，宁寿宫花园的建造进入了勘估阶段。在工部主管大臣的主持下，样式房和算房（是清代工部下属的一个管理工程预算的机构，与样式房共同构成清代工部所辖技术部门的两大主要机构）共同制作了做法清册，就是把宁寿宫花园各建筑的备料（各种材料和用量）、用工数量、各构件的尺寸大小、比例关系和构造方式，以及各技术工种的具体做法要求等列了一个清单。

有了做法清册，就可以估算出大体上的资金需求了。资金到位后，宁寿宫花园就正式进入了施工阶段。

在此期间，制作烫样的样式房的工匠们还要深入工程现场，指导施工并协调设计与工程做法，如负责对照烫样和图样向施工人员解释设计，绘制施工进程图样，并根据实际情况更改设计，记录监督施工进度以及报告工程进度等等。

乾隆皇帝颐养天年的住所要尽心修建，不能图快，宁寿宫的改扩建工程从设计到施工，前后进行了六年之久，雷声澂和样式房的工匠们真可谓尽心竭力、呕心沥血，终于出色地完成了任务。

乾隆皇帝游园

宁寿宫花园建成后，雷声澂先请主管的工部大臣来查验。工部大臣看过后大加称赞："此园甚是美好，颇具江南风格，万岁爷定会满意。"听他这么一说，雷声澂心里才踏实下来，等候乾隆皇帝前来查验。

几天后，乾隆皇帝在几位亲信大臣的陪同下来到扩建后的宁寿宫。他首先观摩了宁寿宫的主体建筑群，觉得这几乎就是个微缩版的紫禁城，殿阁楼台亭斋轩馆无所不有，很合自己心意，面上便带了几分喜色。不过因为建筑的形制早有规定，也就少了很多期待，所以乾隆皇帝在每处建筑前都是走马观花，没停留太久，之后就催促雷声澂带路去游赏花园。

宁寿宫及其花园是乾隆皇帝计划退位后的颐养之所，所以他对此倾注了大量心血，大多数园林、点景、楼阁的设计和内檐装修（内部装修）都经他过目之后最终确定，宫中、园内的多数门、亭、楼阁也都由他亲自定名、题名，这些名称表现了他对长寿福禄和隐逸生活的追求。

如花园的大门——衍祺门，就出自《诗经·行苇》中的"寿考维祺，以介景福"句，"衍"通"延"，"祺"即祥，表明花园的主题是祈求福寿祥瑞。

再如第二进院落——遂初堂，取自晋代隐士孙绰的《遂初赋》，其中有"去官归隐，得遂心愿"的语句，表明乾隆皇帝对隐逸生活的向往。

又如花园最北端的倦勤斋，出自《尚书·大禹谟》："朕宅帝位，三十有三载，耄期倦于勤"，更加明确表达了乾隆皇帝想效仿舜帝，在花费数十年时间将国家治理好之后，晚年厌倦了勤于政务的日子，可归政以安享晚年。

一行人跨过衍祺门，进入花园的第一个院落——古华轩。

只见迎门是一座假山，松柏点缀其间，遮住了后面的景物。向东通过一段弯曲小径，乾隆皇帝等人绕出小院，眼前豁然开朗，只见一棵高大的古楸树傲然挺立。

古华轩的名字正是乾隆皇帝根据这棵古楸树所起。当年雷声澂绘制花园图样时，在这棵树所在的位置设置了一座五开间歇山卷棚式屋顶的敞轩，曾因此请示乾隆皇帝砍伐此树，但乾隆皇帝爱惜它百余年长成不易，愣是让修改了设计方案，还把这个院落御笔亲题为"古华轩"，"华"通"花"，所指即是古楸树的花朵。知道皇帝的心意后，雷声澂琢磨一番，把敞轩挪到了古楸树的西侧，令古楸树的葱绿树冠和敞轩交相辉映，融为一体，把院子点缀得古色古香。

乾隆皇帝一边看，一边赞叹："真是幽雅所在啊！"欣喜之余，乾隆皇帝进入了四面开敞的古华轩中，亲题楹联："清风明月无尽藏，长楸古柏是佳朋。"

这棵古楸树至今仍在，已经四百多岁了，高达20米，树干周长1.8米，是故宫十几棵古楸树里面最著名的一棵，人称"古华楸"。乾隆皇帝亲题的楹联和四首匾额诗也仍悬挂在树旁轩中。

题写完楹联之后，乾隆皇帝走出古华轩，又兴致勃勃地走向了院落西侧的禊赏亭。

这个亭子是乾隆皇帝倾慕王羲之兰亭修禊事而建。禊就是"洁"，是古人在郊野水边沐浴以清除不祥、消弭疾病的祭祀活动，后来逐渐演变成大规模的踏青游赏活动，其中最著名的当属东晋永和九年（353）三月初三日王羲之父子和名臣谢安等四十余人的修禊流觞（酒杯）盛会，王羲之和亲友们既要喝掉漂流到自己面前的那杯酒，还要当场作诗。王羲之酒酣之际，挥毫写下不朽名篇《兰亭集序》。此后，中国文人逐渐形成了兰亭情结，喜爱附庸风雅的乾隆皇帝也不例外，所以特意吩咐雷声澂为他打造了这座禊赏亭，成为花园中的点睛

乾隆皇帝游园。

之笔。

乾隆皇帝迈步进亭，欣喜地看着地面九曲十八弯的沟槽，憧憬着以后每年三月三日和股肱大臣们曲水流觞的场景，陶醉其中，久久不能自拔，一边心猿意马地逛着第二和第三进院落，一边构思着他的题禊赏亭诗。

直到进入第四个院落，见到了庭院中间的符望阁，乾隆皇帝眼前一亮，才拉回了不断飘散的游思。

符望阁是宁寿宫花园里最高大的建筑，登临其上可一览紫禁城内外秀色。乾隆皇帝登阁远望，顿感满眼景色。向南一望，花园的全景尽收眼底，百花争艳，满园清香，阁楼、山石、曲径，相间有致。向北一望，景山五亭，似乎近在咫尺。在夕阳的映衬下，西山含黛，紫禁澄辉，使皇城更显庄严壮丽。站在这阁楼之上，他如身临仙境一般。

在符望阁上饱览一番紫禁城内外美景之后，乾隆皇帝又在雷声澂的引导下进入阁内观览。

对于符望阁的内檐（室内）装修，雷声澂可谓是绞尽脑汁，自从六年前他考察苏杭园林之后，就向工部申请征召了多名江南地区的顶尖工匠，让他们严格按照江南工艺的最高标准，制作出了精美无比的木雕、玉雕、双面绣、竹丝镶嵌、錾铜、珐琅、雕漆、软硬螺钿等器物，此外，雷声澂还遵照乾隆皇帝对室内装修的要求，打破了器物的界限，把这些顶尖的江南工艺铺陈扩张到整个室内空间，如紫檀嵌玉栏罩、双面绣槛窗、螺钿龙纹雕漆迎风板、沉香嵌玉花窗等。各种不同类型的室内装修巧妙地分隔了空间，穿门越槛，方位总在变换，容易迷失方向。乾隆皇帝仔细观摩一番之后，笑着对雷声澂说："雷爱卿的手笔真是巧夺天工，若非爱卿带路，朕今日恐怕要在这阁内迷路了。"

此后，雷声澂又引领乾隆皇帝进入花园最北端的倦勤斋。

由于乾隆皇帝把这里视作自己当太上皇以后的住所，所以雷声澂等工匠们对这处建筑的设计和内部装修用心极深，使其成为整个花园里最奢华的建筑。最见心思的当属一片楠木制作的竹林。这是怎么回事呢？原来是喜欢江南风物的乾隆皇帝在花园的设计阶段，就明确提出他未来居住的倦勤斋必须要有一片竹林。但因为当时北京气候过于干燥，竹子很难长期存活，雷声澂百般思索之后，最终决定让工匠用楠木做出竹林的模样，然后在楠木上着色绘画，甚至细致到把竹节都画上了。

由于制作刻画堪称完美，乾隆皇帝在瞬息之间没能发现真相，直到他在雷声澂的提示下凑近细看才发现内里玄机。

待到雷声澂说明原因之后，乾隆皇帝不禁会心一笑，拍着雷声澂的肩膀说道："雷爱卿心思缜密，真是技艺精湛！"

乾隆皇帝在这园子里转了个够，真是越看越喜欢，直到夕阳西下才依依不舍地离开了，日后也是常来游玩，欣赏着满园的美景，畅想着自己退位后的惬意生活。

乾隆六十年（1795），乾隆皇帝禅位于十五子颙琰，不敢超过圣祖在位年限。但他身体十分硬朗，八十多岁仍然耳聪目明，仍旧贪恋权位，仍旧过问政事，所以他并没有真正入住过宁寿宫。虽则如此，乾隆皇帝对宁寿宫的喜爱却并未减弱分毫，晚年还降旨不许对宁寿宫进行改建，而这道圣旨也让宁寿宫花园（后称"乾隆花园"）得以完整保存至今。

　　目前乾隆花园正在修缮之中，即将对外开放，届时大家就可以一饱眼福了。

五、样式雷的中兴

齐心协力三兄弟

前文已经提到雷声澂有三个儿子，他们分别叫作雷家玮（1758—1845）、雷家玺（1764—1825）、雷家瑞（1770—1830）。三兄弟在父亲的苦心教导和自己的刻苦努力下，都进入样式房担任职务，其中雷家玺是三兄弟中能力和声望最高的，长期担任样式房掌案，而他的大哥家玮、三弟家瑞都尽心辅佐他。

三兄弟活跃在乾隆后期至道光前期的京城皇家建筑舞台上，享受着清王朝在由盛转衰前夜的建筑盛世，留下了大量的建筑遗产。

为了更好地应对异常繁忙的皇家建筑工程及日益增多的日常事务，雷家三兄弟分工明确：长兄雷家玮主要负责外派事务，常年在外奔波，查办各地行宫和堤坝工程的修建，兼顾滨海地带的盐业等，往往一出门就是一两年。

二兄雷家玺则坐镇圆明园样式房，专心办理皇家建筑工程，除继续修造圆明园工程之外，还应乾隆皇帝征召，投身"三山五园"（北京西郊一带皇家行宫苑囿的总称）和承德避暑山庄的修建之中。

此外，雷家玺还承办紫禁城及京城内每年一度的元宵花灯展示（张挂各种花灯）、焰火表演，甚至还要谋划乐园演戏时的布景和道具。其中最出彩的工程当属乾隆皇帝八十大寿时的点景楼台工程。在雷家玺的精心设计布置之下，从圆明园到紫禁城，沿路亭台楼阁都被修葺一新，还设置了各种西洋楼房、演剧戏台、宝塔牌楼等临时建筑，各种新奇精美的景观多达数百处。乾隆八旬盛典当天，文武百官及士绅百姓列队通过，无不鼓舞振奋，列国来宾也都觉眼花缭乱，赞叹不已。

三弟雷家瑞为人比较低调，甘愿为了雷家的整体利益而留守家中打理各种家族生意与事务，为兄长们解除后顾之忧。不过当两位兄长都外出公干而朝廷又有建筑工程任务时，他也会勇挑重担，坐镇样式房，负责皇家建筑工程的设计和材料的采买。如嘉庆皇帝继位之初，雷家玺前往河北易县为其建造"万年吉地"（即陵寝）时，雷家瑞即被授予样式房掌案之职，代替兄长打理样式房事务。等到兄长在外地的工程告竣回京，自己负责的公事也料理完毕之后，雷家瑞便退还公差，回家料理家族事务，如置办商铺、田产，改修祖宅院落，重修雷氏宗谱等。

在三兄弟的通力合作之下，雷氏家族蒸蒸日上，不但参与了大量皇家园林的维修、添修和改建工作，还拓展了修筑业务的范围。雷氏家族的产业更加兴旺发达，艰难接续家族事业的雷声澂终于可以含笑九泉了。

雷家玺与"佛大殿小"

乾隆皇帝一直崇拜他的祖父康熙皇帝。康熙皇帝在位六十一年，所以乾隆皇帝就表示在位满六十年就会把皇位传给储君，保证自己的任期不会超过祖父。但可能令他自己都没想到的是，他的身体一直十分硬朗，竟然一不留神成了中国历史上最长寿的皇帝（88岁）。但他的儿子们显然不如父亲长寿，乾隆皇帝一共有十七个儿子，却有十个在乾隆皇帝在位的前半期去世（后来又有一个儿子早逝），另有两个儿子过继了出去，最终只得在所剩无几的继承人选里面挑出了才华平庸却稳重勤奋的皇十五子永琰（后改为颙琰），在乾隆三十八年（1773）冬天，把永琰的名字写在了木匣子里，藏在"正大光明"匾的后面。

乾隆皇帝八十多岁时，眼瞅着自己规定的六十年期限一天天临近，却越来越舍不下自己独揽朝政的权力，同时也对资质一般的继承人不太放心。权臣和珅看在眼里，也担心乾隆皇帝退位后自己手上的权力不保，甚至会有杀身之祸，于是就趁机给乾隆皇帝出了个"传位不传玺"的主意，就是在位满六十年后，把皇帝之位传给永琰，但不给传国玉玺，这样朝廷的大政方针依旧可由乾隆皇帝把控。

这正中乾隆皇帝下怀，立即被采纳。于是乾隆皇帝在退位之后，仍然把持朝政三年之久，成为中国历史上实际执政时间最长的皇帝。

不过虽说是"传位不传玺"，但乾隆皇帝在传位给儿子嘉庆皇帝之后，用不着事必躬亲，倒是清闲了不少，于是开始花更多心思在自己年轻时就喜欢的事情上面。乾隆皇帝一向崇佛、信佛，修建了很多佛教庙宇，这点在他成为太上皇以后也没有改变。

话说这次乾隆皇帝要在玉泉山西坡下建一座大殿供佛，工程当然是要由第四代样式雷——雷家玺负责。

当时以雷家玺三兄弟为代表的样式雷家族在京城皇家建筑界可谓呼风唤雨，承包下来的大小工程不计其数，往往不能处处工程都整日亲自盯着，于是部分项目也会转包给他人。

而雷家玺接到玉泉山西坡大殿建造任务的时候，正赶上天旱无雨，京西北坞村一带的老百姓，整日饥肠辘辘，都快饿死了。为了救济穷人，加之工程本身难度不大，雷家玺就用以工代赈的方式，把工程转包给了北坞村的一位包工头。工程费用一文不扣，但要求参加建设的瓦木匠必须是北坞村十七八岁、二十来岁的小伙子，以工代学、边干边学，工程完毕，要培养出一批合格的瓦木匠，这样等以后雷家大批量接活儿时也能有熟练工人顶上。

包工头高兴地答应了雷家玺的要求，但他也担心以工代学的乡亲后生们能不能顺利完成任务。

工程接下来以后，包工头便带着一帮经过挑选的小青年儿来到工地，边规划边合计：工期一年，今冬仨月加上春节就占了100天，只有日夜加班才能如期完工。因此，包工头要求大家要出活快、尺码准，千万不可忙中出错。

没料到忙中还是出了错，一位小木匠在师傅上茅房的工夫，就看错了尺码，愣是把大柁（梁架中最下面的一根梁，最长）锯成了二柁。

这事情要是嚷嚷出去，谁也吃不了兜着走，于是，大家在一起合计了半天，但最后仍然是张飞拿耗子——大眼瞪小眼。

包工头束手无策，只好硬着头皮到海淀镇雷家如实相告。

雷家玺对包工头面授机宜。

雷家玺一听大柁给锯短了，也是大吃一惊，赶紧随着包工头来到玉泉山工地。

他在木料场绕了三圈，看了量，量了看，心里凉了半截，暗道：这岂止是大柁锯错了，柁木檩件的尺寸整个是猴吃麻花——满拧。

怎么办？他想了又想，终于有了主意，大声说道："木料不要，砖石改料。砖多石少，佛大殿小。"

他将包工头叫到一旁，如此这般地面授机宜。包工头耳听口问，连连道好。

一座没有一根木头、完全是砖石仿木结构的大殿很快就建成了，工程如期完工。因为大殿不是发券（砌筑券）而成，所以叫无梁殿；又因工料是可着大佛的身量准备的，看起来给人一种佛大殿小的感觉，人们又管它叫"佛大殿小"。

据说，无梁殿竣工时，乾隆皇帝参加大佛开光典礼时问，为什么大殿没有梁？雷家玺回答："因为无量寿佛是大殿的主人，所以设计了无梁殿。"乾隆皇帝又问，为什么这座无梁殿显得佛大殿小呢？雷家玺回答道："吾皇万岁！这格局就是按佛大殿小设计的。因为老佛爷佛法无边、至高无上啊!"乾隆皇帝听了这话,心里乐滋滋的:是呀,怪不得臣民都叫我乾隆老佛爷呢!

雷家玺不仅用自己的仁慈之心救活了一批穷人,培养了一批瓦木匠后辈,还用智慧和机敏化解了一场"欺君之罪"的大难。

而虚惊一场的北坞村工匠们也都吸取了教训,后来认认真真地跟着样式雷家族学习木工手艺,雷家也一丝不苟地教授他们,继续让他们参与工程。

师徒对对儿

北坞村工匠和样式雷家族的这种师徒关系一直保持到了清末,时间长达百年之久。清末民初,北坞村还出了一位能工巧匠,曾经给民国大总统袁世凯修过坟地,给盘踞东北的张作霖建过帅府,继样式雷家族之后,扛起了民国北平建筑的大旗,他就是第七代"样式雷"雷廷昌的徒弟——党子玉。

党子玉在清末民初享誉海淀、香山一带,人送外号"镇京西"。1952年,著名建筑学家梁思成在给中国人民大学的学生讲课时曾特意提到过党子玉，并感叹地说："可惜党子玉不在人世啦。"虽说他早不在世了，但他和师傅雷廷昌对对儿的故事却流传于京西民间，说来饶有趣味。

清朝末年，有一次雷廷昌和党子玉师徒应邀到香山四王府参加鲁班庙竣工典礼。所谓的竣工典礼，就是在工程结束之后，东家请参加修建的瓦木匠和小工们吃一次宴席，犒劳犒劳大伙儿，表达一下谢意。

师徒俩骑着小毛驴，在串铃的叮当声中来到了四王府，老远就见鲁班庙前空场上众多瓦木匠们正在呼么喝六、猜拳行令，好不热闹。当中有人看到两人骑驴而来，高喊了一声："镇京西驾到！"

原来，雷廷昌虽说是当时京城皇家建筑界的泰斗，但大多数时间都是为大型皇家建筑琢磨形制，制作烫样，像一般的修庙之类的小活儿，他并不会直接参与，都是包给下面的徒弟或熟络的包工头处理。比如京西这一片，遵照太爷爷那时传下来的老例儿，一向都是交给北坞村的工程队伍的。而他的高徒党子玉是北坞村工程队伍里面扛旗的，自然就被京西一带的建筑圈儿的各色人物所熟识和敬仰，雷廷昌则因为不常来这里露面，所以当地也就没几个人见过他，更别提认识了。

雷廷昌心胸开阔，加上本就是来给徒弟捧场的，听了这句吆喝后也并不在意，反倒和党子玉打趣："哟！徒弟行呀，都成腕儿啦！"

但党子玉作为晚辈不能实授，一听这吆喝，感觉着实扎耳朵，赶忙跳下毛驴将师傅扶下，接着拱手向众人施礼道："各位父老乡亲，今天光临驾到的不是我党子玉，而是这位大名鼎鼎的京城样式房掌案，我的授业恩师——雷廷昌大人。"

众弟兄一听说样式雷，如雷贯耳，纷纷扑通扑通地跪地施礼："见过雷大人！我等乡间草民，有眼不识金镶玉，还望雷大人多多包涵！"

雷廷昌是个见过世面的人，到什么山唱什么歌，也双手一抱，行礼说道："诸位不用行此大礼，赶紧起来吧。咱们都靠同一个祖师爷赏饭，今儿雷某身临贵梓就是要拜一拜乡贤智叟呀！"

话音刚落，闪出一位身穿长衫的文人，正是这次修鲁班庙的一位主要出资人的儿子，他说道："寒儒见二位仪表堂堂，又是吃'皇粮'的，定是手眼非凡，满腹经纶。寒儒正愁鲁班庙的对联写不出来呢，敬请二位大师为小庙撰联一副，以光耀山野！"

雷廷昌见有人如此请托，一时不知道该不该答应，便侧脸看了一眼徒弟。

党子玉眼明心快，笑着商量道："恩师，咱爷儿俩本是鲁班传人，为祖师庙撰写对联也属分内之事，何况盛情难却，以徒弟之见，还是请师父不要推辞啦！"

见徒弟这么说，雷廷昌便不再推辞，说道："好，那我就献丑啦！子玉，我说上联，你对下联。"他略一思忖，脱口而出："七水八木九根尺。"

党子玉心知师父要抬自己，立马对道："三砖五瓦一刀灰。"

众位瓦木匠听罢师徒的上下对联，心里暗道："对得好，真把木匠和瓦匠的活计说到家喽，很是对榫。"

可是，常言道，隔行如隔山。那位穿长衫的文人躬身施礼道："上联的'七水八木'，下联的'三砖五瓦'究指何义，在下不太明白，还望雷大人指点迷津。"

雷廷昌耐心地讲解："此对联上下句本出自家传《鲁班诀》的两句诀语。《鲁班诀》是吾家先祖所编，口耳相传父子相袭，不传外姓。但到了我这辈儿，我觉得祖宗的这点手艺不应再保守独传，不然，就有失传的可能，这才传予了小徒子玉。至于'七水八木''三砖五瓦'作何解，子玉你来说道说道吧！"

机灵的党子玉立马接过话音说道："七水：回水、平水、散水、滴水、清水、分水和扇水；八木：戗木、枕木、楞木、雀木、替木、柘木、榻脚木和扶脊木；九根尺是说木匠使用的尺子共有九种。三砖是花砖、青砖和金砖；五瓦是盖瓦、筒瓦、猫头瓦、阴阳瓦和琉璃瓦；一刀灰是抹灰条。这副对联放在鲁班庙前最贴切不过啦！"

这位文人听了雷廷昌和党子玉的解释，虽然对这些名词还是不甚了了，但也明白了瓦木匠的活计内容还是很丰富的，不可小看。

他叫人拿来文房四宝，执笔濡墨，这副"七水八木九根尺，三砖五瓦一刀灰"的颜体楷书对联很快就写出来了，贴在了鲁班庙门上。

　　来参加典礼的人们看到后，无不夸对得工、撰得好。

六、雷思起重修圆明园

英法联军火烧圆明园

1860年9月21日，持续四年之久的第二次鸦片战争已接近最后的尾声。这天早上7点，在东距通州八里的八里桥一带，深受咸丰皇帝器重的铁帽子王僧格林沁，集结了三万清兵，其中包括精锐的蒙古骑兵一万人，与来犯的英法联军决一死战。

最终结果，三万多名彪悍勇猛但装备落后、战法陈旧的清军部队，死伤过半，阵地失守，而不到一万人的英法联军只付出了十二人阵亡的轻微代价。

经此一役，京城再也无险可守。咸丰皇帝闻

讯，立即收拾行装，第二天亲自前往圆明园安佑宫祭告了列祖列宗的牌位，然后便带着后宫和戏班子，从圆明园出长春园大东门，打着"亲征"的旗号，仓皇逃至承德避暑山庄，留下恭亲王奕䜣与洋人周旋。

坐落在北京西郊海淀区的圆明园，由圆明园、长春园、绮春园（同治重修时改称"万春园"）三园组成，有园林风景一百多处，建筑面积约16万平方米，是清朝帝王在一百五十余年间陆续营建的一座大型皇家宫苑。它继承中国历代造园艺术，汇集全国名园胜景，兼收西方建筑形式，被当时的西方人誉为"万园之园"。

这里最初是康熙皇帝赐给皇四子胤禛的花园，雍正皇帝即位后加以拓展，后来在园南增建了正大光明殿和勤政殿以及内阁、六部、军机处诸值房，用作自己夏秋时节"避喧听政"的场所。

以后的乾隆、嘉庆、道光、咸丰各帝每到夏秋多在这里避暑听政，处理军国政务。他们每年在圆明园居住的时间，一般都占全年时间的大部分。圆明园的北部为游玩娱乐的场所，南部为朝会及大臣侍值的区域，清朝中央各机关在圆明园内都有自己的衙署值房。

雍正帝以后历任皇帝对圆明园大加扩展、修葺，所以园内也常设一个建筑设计机构——样式房。而咸丰帝在位期间的最后一次圆明园大修，正是由样式雷家族的第五代雷景修（1803—1866）主持的，由于局势吃紧，一个月前仓促停工了。

1860年10月6日，英法联军兵临北京城下，打探清楚北城的清军守城力量最薄弱后，他们便绕道攻打安定门、德胜门。此时驻守的清军早已军心涣散，半数已溃散，剩余的也都没什么斗志了，于是大家稍事抵抗后就纷纷退到了圆明园。于是，英法联军便借此堂而皇之地闯进了圆明园。

10月7日晚上，首先闯入圆明园的是法国侵略者。他们见东西就抢，口袋里装满了珍品宝物。后来英军也赶来了，他们的统帅格兰特直接下令让每个军队的一半军官在第二天上午到圆明园抢劫，其余的一半则在下午去。这条命令的一半被他的手下严格遵守了，就是到圆明园去抢劫，但并不区分军官、士兵和文职人员。

从7日晚到8日，一万多名英法强盗贪婪地扑向圆明园琳琅满目的珍藏，疯狂洗劫，能抢就抢，能运就运，对于那些搬不走的大件器物，他们就丧心病狂地砸碎。不到两天时间，曾经的万园之园几乎被洗劫一空，侵略者放火烧毁了一部分殿宇、房屋。

10月18日、19日，为了给予清政府严重打击，从而迫使其完全屈服，签订各项不平等条约的目的，英军采取了最狠毒恶劣的一招儿。在英国驻华公使额尔金的指挥下，三千多名英国侵略者再次闯入圆明园内，开始有组织地纵火焚烧园内建筑，中华民族最宝贵的园林因此化为乌有，仅有部分水景尚存。

在内忧外患的打击之下，不到一年时间，体弱多病的咸丰皇帝就病逝于避暑山庄。

同治帝下诏重修圆明园

在两宫皇太后和一众满汉大臣的勉力维持之下，大清王朝在后续的十多年里，逐渐走出了统治危机的泥潭。依靠出卖国家利益，他们与侵略者达成了和议；他们认识到了自己与西洋技术的差距，虽然被动，但却开始了向西方学习的洋务运动；国内的太平天国、捻军等农民起义也相继被剿灭。政治上出现了一段相对和谐的时期，似乎出现了"同治中兴"的局面。

同治十二年（1873），载淳长大成人，开始亲政，随即又举行了大婚典礼。当时，雷景修已经去世，同治帝大婚的各处修理工程由其子雷思起（1826—1876）和其孙雷廷昌（1845—1907）承当，各处做工都深合同治皇帝心意。

同治帝亲政之后，两宫皇太后，尤其是慈禧太后，非常想要儿子给自己重修圆明园，回归曾经追随先帝时的那种奢华惬意的园居生活。

其实在此之前，圆明园也经过了一些小修小补，但显然不能满足慈禧太后的需求。无奈国家形势危急，内忧外患不断，大多数官员，甚至包括同治皇帝在内，都反对重修，慈禧太后也只得作罢。

但随着形势日渐转好，同治皇帝的亲政、大婚典礼相继告成，第二年又是自己的四十大寿，慈禧太后重修圆明园的心思又活络了起来。这一次她不再明说，而是带着儿子去圆明园剩余的水景游玩，并用沿途的残破建筑刺激年少气盛的同治皇帝。

这一招儿果然奏效，同治皇帝回到紫禁城之后几天都闷闷不乐，加之每天在身边侍奉的内务府几位官员也都积极鼓动他重修圆明园。于是，同治皇帝召来了几位军机大臣，当着两宫皇太后的面宣布要重修圆明园，要让洋人看到大清国是抢不光、烧不尽的。

军机大臣们见意气风发的年轻皇帝终于要办理亲政以来的第一件大事，不好横加劝阻，便提议让同治帝先择要重修。于是，当年的10月12日，同治皇帝以"颐养太后"的名义，发布了"择要重修圆明园"的上谕。

此诏发出后，引起了朝野上下的震动，不少大臣和谏官上书反对，但都被同治帝用"大孝"之道驳回。

群臣只好以此时国库空虚，不宜大兴园林工程为由加以劝阻，不敢再极力反对。但同治帝依然一意孤行，甚至下诏表示再有敢上书请求暂缓的，

"朕自有惩办",以此阻塞了群臣谏言之路。

摄于皇帝的威势,一时之间群臣无人再敢谏言。

11月16日,同治帝命内务府官员贵宝前往已经连续四代承办圆明园各项工程的雷家索要圆明三园的总图。

贵宝不敢怠慢,立即赶往雷思起家,但却扑了个空,雷思起、雷廷昌父子都不在家。

雷思起重修圆明园

雷家父子去哪里了呢?

询问了雷家人才知道,原来他们上半年刚刚承办两宫皇太后的陵寝——定东陵(其中慈安皇太后的陵墓称"普祥峪万年吉地",慈禧皇太后的陵墓称为"菩陀峪万年吉地")。

当时,雷家正值青黄不接之际,老的老小的小,只能勉强找出四个人当差,害怕完成不好工程,想要推掉。但被内务府的一众高级官员以办理皇陵工程是雷家的独门手艺、他人不能称职为由,仍要雷思起承办。

为了给两宫太后修好陵墓，雷思起带着雷廷昌常住在条件艰苦的定东陵附近，风餐露宿，一心扑在了陵墓工程上。

他们先是丈量地势尺寸。方法是用木桩和白灰将风水师所点的穴心、山向做好标记。再以穴心为原点，沿"山向"建立一个正交坐标系，称"天心十字"。然后仔细丈量从穴心到四边的距离，并依据测量结果，详细地画出风水形势图，在图中将每个风水师所点的穴位标注清楚，写清山名和朝向、从穴心到四边的距离。

之后根据风水形势图选择几处堪用的地点，参考此前的设计方案，进行工程量的推算和初步的陵园规划布局。

最终还要将每个备选地点的详细风水形势图画出，先交给承修大臣审阅，再给帝、后御览。这项工作技术性极强，容不得半点马虎，须得雷氏父子亲自上阵，这一忙就是半年多，至今都还没回来。

这可把贵大人急坏了，他心想：定东陵离着京城二百多里，皇上可是今儿就要圆明三园的总图，这不是要我的命吗？我这老胳膊老腿实在是禁不住来回骑小500里的快马啊，又不好差别人去传皇上的口谕，这可如何是好？

正在贵大人急得直打转的时候，只见两个风尘仆仆的黑瘦汉子从外面兴冲冲地进了内院。

贵宝抬眼一瞧，这不就是雷思起、雷廷昌父子吗？他心中大喜，比雷家人还热情地扑上去迎接。

"哟！哟！两位雷大人居外半年，给太后起陵工，真是劳苦功高啊！"

雷思起一见是内务府贵大人，说话这么客气，肯定是有急事了，也不敢怠慢，赶忙上前行礼："见过贵大人……"

"免了，免了！"雷思起的客气话刚要出口，贵宝不耐烦地打断了他，接着说道："皇上传下口谕，让我找你索要圆明三园的总图，图可还在？"

"还在，还在，请大人稍候，我让犬子去取。"雷思起赶忙吩咐雷廷昌去库房找图，然后陪着贵宝等候。

两人坐下之后，不免寒暄几句。贵宝这才知道，今天是雷家父子正好完成了备选点的详细风水图的绘制，赶紧带着画样回京，呈交定东陵钦派大

雷廷昌感佩祖父雷景修收集图样的高瞻远瞩。

臣周祖培审阅，周大人颇为满意，高兴地对雷思起说："样子绘好了，我就放心了。"于是，贵大人也客气地给雷思起道了一下喜。

说话间，雷廷昌已经从库房里翻检出了圆明三园的总图，不禁感佩起祖父雷景修收集历代先祖图样并要求雷家人保留后续图样的做法。这真是高瞻远瞩，让雷家在给皇家做工方面处处占得先机。他不禁回想起了咸丰十年（1860）洋人进京前一晚那惊心动魄的一幕。

当晚，预感到形势危急的雷景修，集合雷家全部男丁以及能找过来的工地伙计，筹集了好几辆大车，连夜把搁在圆明园样式房里的雷家先祖和自己及子侄一辈绘制的画样和制作的烫样全部搬回了自家宅子。当年全家人为了腾地方放样子，可是借住了别人家好长时间，现在想想真值啊。这不，如今皇上、太后要修园子，就得来找我们雷家要图纸。

拿到圆明园三园总图之后，贵宝大喜过望，低声对雷思起言语："近日皇上要起圆明园工，雷大人要尽早交接陵园手续，圣旨不日将下。本官这就要去进呈皇上及太后御览，先行告退。"说完便起身了。

雷思起恭恭敬敬地回复道:"全凭贵大人栽培!"

贵宝走后,雷思起站在门口久久目送。

雷廷昌喜上眉梢,乐呵呵地说道:"父亲,咱又有大工程啦!"

雷思起却喜忧参半地说:"又能进园子啦!但别高兴得太早,记得咸丰爷那会儿,修园工程草草结尾,你爷爷到死都没收到尾款。只怕这国库空虚,如果后面皇上抵不住群臣的反对,叫停园工,咱们雷家还得吃点亏。"

这是怎么回事呢?

原来清代后期的皇家建筑已经形成了一套比较完善的结算模式。一般情况下,由内务府承包给某人,由此人自行解决后续工程设计及施工事宜,买料、运料都要自己先行垫资,待工程阶段性完成或全部完工交付之后,再由内务府付给薪酬。

样式雷家族除负责皇家建筑设计之外,一般还大量兼任内檐装修(内部装修)的设计和制作工程,所以需要自己去采买大量名贵木材,待工程完成之后才能收到承包银钱。

一般情况下，雷家都会赚不少，但随着晚清政局的动荡和国库的空虚，开始出现一些半途而废的皇家建筑工程，这些项目的工程款往往无法补足。

　　雷廷昌收起了满脸的喜色，说道："真要这样，那可如何是好啊？"

　　"那也只能尽心给皇上、太后办差，这是咱雷家的金字招牌，不能砸了。好在从你爷爷那辈开始，已经知道多办点买卖，好保证手上有余钱啦。咱爷儿俩也别歇着了，赶紧再找一下周大人吧，这几天得把两宫太后的万年吉地选出来。"

　　几天之后，十月初一日（11月21日），同治帝果然正式发布了重修圆明园的诏谕，计划要赶在慈禧太后四十大寿（次年十月十日）之前，重修圆明三园之中的三千多间殿宇（大约占园内原殿宇总数的三分之一），把这作为慈禧太后的寿礼。

　　只有一年工夫，工程任务显然是十分紧张的，画设计图、制作烫样和室内装修等任务自然就要落在久负盛名的样式雷肩上了。

　　接到任务后，雷思起赶忙在两天之内交接了其余工程。

第三天一大早，内务府的桂清、明善、贵宝三位大臣即奉旨带领雷思起进圆明三园勘察，并传达了心急的同治帝下达的命令，一个月内赶紧呈进烫样。

雷思起听后不禁一阵剧烈咳嗽，原来他最近几年一直在野外为修造皇陵而奔波劳碌，已经落下了病根，身体大不如前。

几位大人见状都吓得不轻，生怕雷思起一病不起，误了皇差，但除了已经四代经营圆明园的雷家，又有何人能担此重任呢？只得勉励雷思起强打精神了。

此后一个月之内，雷思起拖着病体，带着儿子雷廷昌和侄子雷廷芳，叫上胞弟雷思森，亲自请来了同族旁支的堂兄雷思耀和他的儿子雷廷栋，又让雷廷昌去请来了他的郭六伯（郭成名），郭成名了解情况后和自家弟兄子侄商量，推后了自家的活计，又拉上了胞弟郭成治和侄子郭琏，总算拉起了九个人的制图队伍。他们充分利用雷家库房里收藏的样式雷圆明园图样和烫样，昼夜赶工，终于完成了第一批施工的宫殿画样和几处重要殿宇的烫样，并陆陆续续上交给了内务府。

内务府考虑到具体情况，直接下令，如果雷思起病未痊愈，可以让儿子雷廷昌代为进呈。

在此期间，圆明园的重修工程已经在11月27日悄悄地开工了。

全部交完第一批画样和烫样后没过几天，劳累过度的雷思起还没缓过乏来，又接到了上谕。原来是慈禧太后又要加十多处工程，并让雷思起制作各种装修"仙楼"的烫样，每一种类型要出十个烫样以供挑选，一定要奇巧玲珑。于是雷家人又只能没日没夜地干起来。

之后半个多月，雷思起又接到几次修改烫样的诏谕。

待全部改过一轮之后，贵宝再次来到雷府，下达了诏谕，说雷家上报的所需装修木料已经奏明了皇上和太后，着雷思起自行采买。

雷思起想起自己父亲当年修圆明园尾款未付的事情，心中有些烦闷，但脸上不敢表露出来。

又过了两天，对圆明园重修画样和烫样比较满意的同治帝和两宫太后授予雷思起二品顶戴、雷廷昌三品顶戴。

在这之后，同治帝和慈禧太后要修改各殿宇的外观或内装方案，除向样式房下旨之外，还会召见两位雷大人进宫或到施工现场，当面探讨或下达旨令。

雷氏父子和帝、后的面对面交流，在圆明园重修工程停工之前共计五次。

尤其是万春园里计划作慈禧太后寝宫的"天地一家春"，慈禧太后亲自绘制内部装修的图样，还亲笔写下了很多记录装修要求的纸条，贴到了烫样上。仅这一处宫殿，雷家父子就反复制作了三十一张画样和烫样，每次慈禧太后都会有大量修改意见，其中最多的一次竟达四十多条。

同治帝同样对重修圆明园颇为上心，经常亲笔绘制内部装修的设计图。

第二年春夏之交，每月一次，同治帝先后四次前往圆明园重修现场，其中一次还召雷思起陪同，现场观看图样和建筑，提出修改意见，再由雷思起带回旨意抓紧修改。

最终统计，目前存世的样式雷圆明园图档（包括后续雷廷昌、雷献彩父子再次重修的图样和烫样）总计逾3000件，可见样式雷家族六七代人在圆明园的建造和重修上倾注了多么巨大的心血。

作为一名工匠，能够因为工程设计而获封二品、三品顶戴，并在不到一年时间里连续五次受到帝、后的召见，和帝、后面对面地探讨外观设计和内部装修方案，雷家父子无疑是感到了无上的荣光。就官衔和荣誉而言，样式雷家族在此时确实达到了顶峰。

但雷思起着实辛苦，既要随时准备为帝、后修改图样和烫样，还要兼顾定东陵的工程，两头来回奔波，期间还承接了紫禁城旁边的三海工程的设计工作，更是忙得焦头烂额。两年之后，刚过知天命之年的雷思起就因为操劳过度而英年早逝了。

朝廷对此自然十分痛惜，追封雷思起为荣禄大夫，并额外恩赏了雷家白银200两。

圆明园的停工、再修与最终的悲惨结局

可惜的是，雷思起为之呕心沥血的圆明园重修

工程，因为资金的严重不足和建筑材料的严重匮乏而进展缓慢，各级官吏请求缓修和停修的奏折也如雪片般送到同治帝面前，让他感受到了巨大的压力。

同治十三年（1874）七月十八日，忍无可忍的恭亲王奕䜣联合醇亲王奕譞、大学士文祥等十多位重臣，联名上奏请求停修圆明园。

同治帝最终迫于压力，在七月二十九日发布上谕，停止了圆明园的一切工程。而他在虎头蛇尾地结束自己亲政以来头一件大事的两个多月后，就身染天花而亡了。

在圆明园重修工程停工之后，慈禧太后仍然嘱咐内务府派人对园区做了一些保护工作，所有负责管理园区事务的人员也都保留了下来。显然，心有不甘的慈禧太后仍在等待时机重修圆明园。

在光绪皇帝继位之初，慈禧太后就曾对圆明三园进行过小规模的整修。

光绪皇帝亲政之后，为了讨慈禧太后欢心，为了让她在圆明园安度晚年，从而让自己获得更大的权力，他也积极主张和筹划重修圆明园，但一直碍于国库空虚和谏官们的反对，迟迟未能再度大修。

没承想，清朝在中日甲午战争中大败，引起帝国主义瓜分中国狂潮之际，圆明园的最后一次大规模修复工程竟然加紧进行了。

光绪二十二年（1896）三月初二日，慈禧太后、光绪皇帝驾临圆明园，下旨令雷廷昌呈递圆明园部分殿宇画样。

这次，年过半百的雷廷昌带上雷献光、雷献彩（最后一代样式雷传人）等一众手艺高超的子侄，再度参与到圆明园的修复工程之中。子侄们极大地分担了雷廷昌的负担，他终于不用像父亲当年那样劳累了。

这次修复工程，慈禧太后仍旧十分上心，即便是两年之后，慈禧太后与光绪皇帝反目，最终发动戊戌政变囚禁光绪皇帝，再度垂帘听政的那段时间，清廷档案中仍有皇太后修改圆明园内部装修以及催促样式房上呈画样的记载，但类似的记载在当年深秋之后就不再新增了。大概是繁重的政务、空虚的国库以及谏官们锲而不舍地上书反对，令年逾花甲的慈禧太后也不得不放下自己的执念。

光绪二十六年（1900），八国联军占领北京，慈禧太后挟光绪皇帝逃奔西安。

次年8月28日，尚在西安避难的慈禧太后颁发懿旨，命令正与各国公使谈判的全权大臣奕劻，在签订和约，外国人归还圆明园、颐和园之后，要派官兵小心守护，不得出现纰漏。

殊不知，在她逃离京城之后，圆明园再遭侵略者摧残，更可恶的是，原本驻守西郊的八旗兵丁、土匪地痞们竟也趁火打劫，把园内残存和陆续修复的建筑拆抢一空，连砖瓦、石料也不放过，很多古树名木也都被毁。

《辛丑条约》签字后，天文数字的巨额赔款更令清政府无力再次修复甚至是管理圆明园，只得在1904年大幅裁减了园内的管理官员，后来园区遭到了更多的人为破坏。

1912年2月12日，宣统皇帝退位，清朝覆灭。在一段时间内，凭借民国政府给予的优待条件，清室将圆明园并入颐和园，仍继续由清室的内务府管理，但终究难以抵挡越来越多的偷盗者的破坏。

1924年，溥仪被赶出紫禁城之后，园区又先后由国民军和京师警察厅保护，但对圆明园的掠夺和破坏仍在继续。

　　到1949年北平和平解放之时，曾经光芒万丈的万园之园只剩下了西洋楼的几根石柱，孤零零地伫立在一堆瓦砾与荒草之中。

七、雷廷昌整修颐和园

太后想修清漪园

同治皇帝去世后，慈禧太后抱来了妹妹和醇亲王奕譞的儿子、不到四岁的爱新觉罗·载湉，继承皇位，次年改元"光绪"，慈禧太后和慈安太后继续以两宫皇太后的身份垂帘听政。

光绪七年（1881），慈安太后突发疾病去世后，慈禧太后一个人掌控晚清的权力中枢，虽说是风光无限，但也确实十分辛苦。

而自幼跟随慈禧太后生活的光绪皇帝，看到慈禧太后如此辛苦，便想着尽一份孝心。为此，他差人整修了储秀宫，作为慈禧太后五十寿辰的礼物。

光绪皇帝选择储秀宫作为寿礼是颇费了一番心思的，先不论那六十多万两白银的装修花费，光是选址就很有心了。

咸丰二年（1852），年仅十七岁的叶赫那拉·杏贞（慈禧太后的名字）刚进宫时就在储秀宫的丽景轩居住。四年后，杏贞在这里生下了爱新觉罗·载淳（即后来的同治皇帝）。母以子贵，叶赫那拉·杏贞能成为日后的慈禧太后，垂帘听政接近半个世纪，很大一部分原因就是其同治皇帝生母的身份。可以说，储秀宫不仅是杏贞留下青春美好记忆的地方，更是慈禧太后的发迹之地。

慈禧太后自然对此深感满意，很快就迁居到储秀宫。但过了两年不到，慈禧太后就觉得储秀宫太冷清沉闷，又怀念起以前在圆明园游玩时的美好生活。

她想起当年同治帝在位时要重修圆明园，结果引起轩然大波，最后工程不得不停工，一时拿不定主意要不要重启圆明园的工程。

想来想去，慈禧太后觉得大规模重修圆明园还是不妥，大清国库空虚，而圆明园范围太大，光有名的风景就四十多处，几百万两白银扔进去根本看不出来什么效果。她想：也许修修圆明园旁边的清漪园行得通吧，清漪园也是一处有山有水有风景的好园子，适合颐养天年，而且布局紧凑，几百万砸下去绝对能改头换面。

这时，慈禧太后又想到两年前中法战争时，福州水师几乎全军覆没，现在朝廷正在筹办北洋水师，花费巨大，怕是不能大张旗鼓给自己修个园子。

慈禧太后思而不得，但又心有不甘，所以不免闷闷不乐的。

慈禧太后的心结很快被聪明乖巧的太监总管李莲英察觉了。有一次慈禧太后坐在储秀宫里发呆，李莲英和慈禧太后太后绕了一个大弯子，最后表达了一下要给慈禧太后修园子的意思，连地方都选对了，就是慈禧太后想要整修的清漪园，理由也是有山有水风景好，不用花很多钱就能见成效。

慈禧太后其实早已心花怒发，但依然淡淡地说道："我为大清国操劳半生，照祖上规矩是该让皇上给我修个园子颐养天年，无奈现在局势紧张，李鸿章他们正在大办海军，一艘铁甲舰就是一两百万银子，十几艘买下来就是一两千万两，哪儿还有钱修园子？"

李莲英"开导"慈禧太后："办海军是国家大事，的确不能荒废，但太后您也不能太苦着自己。前一阵子，奴才和醇亲王去看过新办的水师了，已经有十几艘铁甲舰了，看家护院足够啦，也不见得非要一下再买那么多舰船，分出一点钱来孝敬您老人家修一处园子不也是应该的吗？"

这一番话令慈禧太后喜上眉梢了，但她还是不露声色地说道："嗯，让李鸿章他们分点钱出来修个小园子也不是不行。这清漪园哀家十几二十年前曾随先帝去过一两次，景儿倒是还不错，但现在脑子里早没印象了。这么着，你去找人先画个图样出来，哀家过过目再说吧。"

修园子就得找样式雷

李莲英得着慈禧太后的旨意，心中喜不自胜，心中想着这买卖既能讨太后欢心，自己又能捞点油水，简直太棒了！但该找谁给我办去呢？

伺候完慈禧，李莲英回到自己房中，让小太监点上了福寿膏，倚靠在软榻上，一边吞云吐雾，一边盘算着找谁。

正在迷迷糊糊即将入梦之际，李莲英一拍脑门，对一旁伺候的小太监说："三顺儿啊，你快去请立山大人来一趟，就说咱家有要事和他商量。"

立山是内务府中一等的红人，曾在江宁织造任上进奉新纹样，深得慈禧太后欢心，所以在别人只能干一年的江宁织造任上连续干了四年，然后又被慈禧太后调到京城，经办修葺三海工程，风头正劲。来京城后，立山除了给慈禧太后进献一批花色鲜艳的缎子之外，还十分识相地来拜李大总管的山头，结为异姓兄弟，所以李莲英有什么好差事也喜欢找他来操办。

立山一听李莲英有请，立马吩咐下人给小太监看茶送礼，请他稍候片刻，自己迅速换了一身蓝绸大褂，收拾得干净利落，风风火火地跟着小太监去见他李大哥了。

进到李莲英屋内，立山抢上两步给李莲英请

安，问道："大哥这么急着唤小弟来，是有什么大事吩咐吧？"

"坐吧。"李莲英指指身旁边的椅子，不紧不慢地说道，"今儿咱家见了老佛爷，她老人家打算这阵子便动工修清漪园，让咱家先找人画个图样。咱家心想这可是个肥差呀，就找老弟来商量一下。"

立山一听这事，马上笑眯眯地说道："多谢大哥记挂小弟，这事大哥您放心，只要雷廷昌出马，保证老佛爷满意。"

"雷廷昌，有点耳熟，是谁来着？"李莲英一时有些恍惚，没想起来是谁。

"就是'样式雷'呀！他家从圣祖（即康熙）那会儿就在京城闯出了名头，历代掌管样式房，专门伺候皇上盖房子、起陵工的，已经是第七代了！"

一听"样式雷"，李莲英恍然大悟："哦，你看咱家这脑子，他不就是雷思起的儿子嘛。当年同治爷大修圆明园，咱家可是见过他们父子几面，这一晃都十几年了。想起来雷思起死了十来年了，现在样式房就全靠这雷廷昌撑着了吧？"

立山说："大哥既然见过，那想必清楚他的本事，现在样式房里面有一多半都是他们雷家的人。哪里该起楼，哪里该架桥，用什么样的木料，打什么样的家具，雷家人可是门儿清。现在这紫禁城旁边正在修葺的三海工程，就是雷廷昌在支应着，清漪园的活儿交给他准保没问题。"

"嗯，把罩子放亮点，活儿做细喽，一定得让老佛爷满意！出了岔子，咱家可兜不住。还有，这事儿现在还没定，千万不可走漏半点风声。你快去找雷廷昌，明儿咱几个先去清漪园瞧瞧。"李莲英加重语气嘱咐了一句。

"行！大哥您尽管放心就是了。"立山回答得异常干脆。

雷廷昌整修颐和园

第二天一大早，李莲英便由立山等人陪同，坐轿出西直门，过高梁桥，向北直奔海淀，经畅春园遗址往西不远，就到了万寿山麓昆明湖畔的清漪园，果然是山清水秀，十分幽静。

雷廷昌和他带来的一众好手早就在那里候着

了，见着李莲英一行人，雷廷昌赶紧上前行礼。

李莲英看着这个敦实精干的中年人，心里顿时有了底，笑着把雷廷昌扶了起来，乐乐呵呵、客客气气地说了一句："雷大人别来无恙啊！"

雷廷昌一时记不起什么时候见过这位李大总管，顿了一顿，回了一句场面话："托李总管的福！"

李莲英闻言呵呵笑了起来："十多年前，先帝重修圆明园，您曾随着雷思起大人进了内闱几次，我都在旁边伺候着，还给您爷俩儿递过先帝爷赏的顶戴花翎呢，只是您爷俩儿没注意到我这个小角儿吧，哈哈！"

雷廷昌一听，似乎当年还真是有这么个侍立一旁的小太监，但当时确实没注意到旁边的太监长啥样。这十几年不见，人家已经麻雀变凤凰了，这没认出来不会被挑理吧。这样一想，他的额头上不禁沁出了汗珠，赶忙回答："小人有眼不识泰山，还请李总管宽宥。"

李莲英摆了摆手，说："无妨无妨。令尊的'样子'咱家有幸在旁过过目，那活儿是真拿得出手啊，给皇上和太后办差事也尽心，可惜去得太早，如今只好辛苦你啦。"

"能为皇上和太后效劳，是小人的荣幸！"雷廷昌赶紧表态。

"好好，有这份心就行。这可是一件大差使，咱们办下来，好处少不了。"李莲英笑着对雷廷昌说道。

雷廷昌立马回话："全仰李总管栽培！"

一旁站了好一会儿的立山这时趁机插话："李总管、雷大人，咱们先上山瞧瞧吧！"

一番礼让之后，一行人便上了山顶，俯视昆明湖，果然水碧如翠，再看山上，奇峰林立，怪石嵯峨。从这里，南可望京城，北可望长城，又得玉泉山的泉水，三面遍布稻田，碧绿如洗，宛若江南西湖风景，真是天然的佳境，直看得李莲英心旷神怡。他转脸向雷廷昌说道："雷大人，您看怎么样？"

雷廷昌连忙答道："这清漪园原是乾隆爷时修建的，湖光山色，原有八景，唤作载时堂、墨妙轩、龙云楼、淡碧斋、水乐亭、知鱼桥、寻诗径和涵光洞。园子的规模，听这八景的名儿就知道

雷廷昌和李莲英、立山在万寿山俯视清漪园。

了……"

"好！好！修园子你是内行，咱家就问你图样和烫样啥时候能出来？"雷廷昌正欲继续说下去，却被李莲英打断了。

"李总管放心就是，我们雷家世世代代就这点手艺拿得出手了，个把月内我一定将草图和草样赶出来。"雷廷昌胸有成竹地回答。

"时间太长了些吧。当年圆明园、绮春园那么大的工程，您父亲也不过一个月就赶出了烫样，都说虎父无犬子，一个清漪园给您半个月期限足够啦！记住，这事不可让太多的人知道。"李莲英严肃地说道。

"是，是！雷某一定尽心竭力，不负所托！"

"嗯，修园子这事儿老佛爷很在意，差事办好了，以后有新活儿咱家第一个推荐你！"李莲英又喜笑颜开地对雷廷昌说道。

说着话，一行人又到山前山后，各处残朽殿阁等处看了一遍，直到日落西山，方打道回城。

回到家中，雷廷昌片刻不敢耽误，立即把样式房里顶用的雷家子弟都召集了过来，告知大家有这么个急活儿，还嘱咐不要声张，安排了几个子侄白天仍去三海工地上盯着，自己和平辈的几个经验老到的行家里手打算未来半个月闭门不出，各自分工，潜心把这图样和烫样赶出来。

雷廷昌苦思冥想，考虑到这清漪园除了昆明湖，就是东宫门和万寿山了。

东宫门那一带地方平坦开阔，适合建宫室，雍正帝时就已经有《工程做法则例》了，宫室外观上动不了什么心思。

万寿山一带倒是景色秀丽，可以布置不少点景，如果在万寿山前山的山脊上连着放两个建筑：佛阁和大殿（就是后来的佛香阁和排云殿），太后从宫室里走出来遛弯儿时就能一眼望见。太后有兴致了还可以偶尔登上殿阁远眺昆明湖景，高度不同景色也得有区别，湖上的三个小岛也要相应地布置对景，保证太后远眺之后心旷神怡。再顺着前山湖岸修一个廊道，两旁多设景点，建筑修精致些，沿途多种些奇花异草，让太后沿着湖岸遛弯儿时，每走一步都是新鲜景儿。万寿山后山有一片狭窄的后湖，环境幽邃，和前山的旷朗开阔形成鲜明对比。

不如就让那里继续保持静谧的氛围，和前山的喧闹形成对比，多造些假山，让太后一眼望不到头，得曲曲折折地沿后湖岸线往前挪步，走到哪里都觉得静静悄悄的。

然后再把乾隆帝时在后湖那儿建的苏州街稍微修复一段，太后偶尔有兴致时，可以继续让太监、宫女们装扮一下商人和顾客，逗太后开心一下。

思路理清之后，雷廷昌立马带领样式雷家族的好手们夜以继日地绘制草图、赶制烫样，终于赶在半月期满之前将草图绘好，也做了几处烫样，经由立山、李莲英进呈慈禧太后过目。

只见李莲英抖开长卷，那些草图仿佛工笔彩绘一般，慈禧太后不由得露出了笑脸。特别是湖边的长廊，一头连着寝宫，一头通到佛阁下的大殿，蜿蜒曲折，尤为显眼。昆明湖北边儿，本来空空荡荡的，只能遥观山色，但有了这条长廊，便使人觉得翠栏红亭隐约于碧树之间，平添无数情致。

再瞧那几个宫殿烫样，也是精巧十足，令人一目了然，慈禧太后有什么要求可以直接让底下人写在纸条上贴到"样子"上，雷家人再拿回去按照要求进行修改。之后还可以反复进呈，反复修改。

慈禧太后欣喜地看着，心里暗赞雷家人的手艺。把这些图纸和烫样一一过目之后，慈禧太后当即点头应允。

整修清漪园的工程，很快就开始了。一面由立山负责挑选吉日，悄悄动工清理渣土；一面由雷廷昌继续做单个建筑的图样和烫样，陆续进呈慈禧太后。

经费来源及后续

至于整修园子的经费怎么解决，慈禧太后当然有办法啦！

慈禧太后既已打定主意，就和醇亲王奕譞通了通气。

醇亲王没有恭亲王（奕䜣）那个魄力，不敢犯颜直谏，只会顺杆爬。很快，他上了一道奏折，名曰《奏请复昆明湖水操旧制折》。原来他早在光绪三年（1877）就上过一道奏折，想以在昆明湖畔建机器局的名义重建清漪园，讨好两宫太后，但却被言官驳斥，未能实行。他对此一直耿耿于怀，此番再提此事，当然要加一个"复"字，以表示自己敬孝太后之心不变。

慈禧收到奏折后，当即批下懿旨："依议。"

稍后他又上一道奏折，认为沿昆明湖一带的殿宇亭台多半都倒塌了，如果不稍微修葺一下，恐怕到时太后、皇上亲临检阅水师时显得不恭敬。

于是，从光绪十二年（1886）起，清政府打着筹建昆明水师学堂的旗号，悄悄开始了整修清漪园的工程。

新园子在光绪十四年（1888），由光绪皇帝改名为"颐和园"，取"颐养太和"的意思，工程设计和内部装修由雷廷昌负责。

据不完全统计，整修颐和园工程经费共计白银810多万两，其中属于"挪用"性质的海军衙门经费数额约700万两。而后来在甲午海战中重创北洋水师的日军巨舰吉野号，造价也就在200万两白银左右，北洋水师如果当时多出四艘吉野号级别的巨舰，那甲午海战的胜负之势或许会不一样。

但客观来说，整修颐和园的工程花费还算不上天文数字，几年之后（1894年）的慈禧太后六旬盛典，耗费的白银竟然达到1000万两以上，而当时清朝国库的年收入不过才七八千万两白银。且当时正值中日在朝鲜激烈交战之际，花费如此巨大的万寿盛典，确实会对前方的战事产生直接影响。

随着甲午战争中北洋水师的全军覆没，1895年3月，海军衙门被裁撤，整修颐和园丧失主要经费来源，不得不草草收场。总设计师雷廷昌的巧思并没有全部付诸实现，但从已完成的颐和园建筑中仍可窥其心思之细密、设计之精巧。

以其中的德和园为例。为了满足慈禧太后的观戏需求，雷廷昌在废弃已久的怡春堂遗址上建起一座三层大戏院——德和园。这里地势平坦，空地够大，适合建造大型戏院；这里距离西边儿设计作为光绪皇帝寝宫的玉兰堂和慈禧太后寝宫的乐寿堂也比较近，便于帝、后就近观戏；而且还靠近东宫门，方便了受帝、后器重的王公大臣们前来观戏，还避免了他们经过帝、后的寝宫可能产生的打扰；更重要的一点，怡春堂原是乾隆皇帝侍奉母亲崇庆太后的临时休息场所，光绪皇帝在原址修建侍奉慈禧太后看戏的德和园，也能体现光绪皇帝侍奉慈禧太后的孝心，这令光绪皇帝和慈禧太后都深感满意。

此外，为了满足清末京剧演出规模的扩大，雷廷昌设置了更大的扮戏楼，方便多人同时扮戏、换装。考虑到未来观戏的主要服务对象是慈禧太后，雷廷昌还将看戏楼拓展为看戏殿，将原本的两层五开间改为单层七开间，建筑的面宽和进深都大大增加，使看戏殿的室内空间变大，外观更显气势恢宏，突出了慈禧太后的主体地位。为了凸显戏楼，雷廷昌还调整了前院，扩大了大门和扮戏楼之间的距离，并在大门和扮戏楼之间增设了屏风来遮挡视线，形成欲扬先抑的空间效果。他还在德和园院落东西增开了角门，使不同人员的进出有所区别，还设置了区分各种等级的通道，以显示君臣等级身份的不可逾越。

集合雷廷昌各种巧思打造的德和园，堪称中国皇家戏台的绝唱。慈禧太后对这个戏园子非常满意。在光绪皇帝亲政之后，她逐渐形成了夏秋两季在颐和园居住的习惯，闲暇之时经常来此观看大型的连台戏，光绪皇帝也会隔一天或几天就来颐和园给慈禧太后请安，有时也会陪她一同观戏，两人算是度过了一段其乐融融的美好时光。

可惜后来光绪皇帝实施戊戌变法，终究触怒了慈禧太后，她将光绪皇帝手上的权力收回，把他囚禁在了中南海南海湖心的瀛台之上。真不知道，此后慈禧太后再去德和园观戏时，会作何感想？

八、雷廷昌与慈禧太后六旬万寿盛典

清代万寿盛典与样式雷

魏晋南北朝时期以来，国人逐渐兴起生日庆祝的风气，尤其是重视六十以上的整旬大寿，皇家也不例外。清代皇帝与皇后、皇太后的寿诞各有专称（分别称"万寿节""千秋节"和"圣寿节"），但亦可笼统称之为"万寿节"。万寿节当天，举国同庆，其中六十岁以上的整旬大庆更是规模巨大。

清代前后共计举办过七次大规模的帝、后万寿盛典：第一次是康熙帝六旬（1713年）万寿盛典，第二至四次是乾隆帝为其母崇庆太后举办的六旬、七旬和八旬（1751年、1761年、1771年）万寿盛典，第五次是乾隆帝八旬（1790年）万寿盛典，第六次是嘉庆帝六旬（1819年）万寿盛典，最后一次是光绪帝为慈禧太后举办的六旬（1894年）万寿盛典。

从康熙帝六旬万寿盛典开始，就设了万寿点景环节，就是从紫禁城北门——神武门（乾隆帝以后改西直门）到其常住的京西花园——畅春园（后有所变化）的所经之路上布置点景。沿线点景主要包括修葺沿线街道两旁的铺面，搭设各类戏台子、故事台、经坛、经棚，搭设龙棚并设置御座，陈列为帝、后祝寿的各种土特产，建造各种假山和亭台楼阁等。上述点景除店铺、住宅、寺庙、码头等原有建筑之外，其余都是临时性的人造景观，盛典结束之后都要被拆除、变卖。

为了短短几天的一个典礼，如此大费周章、不惜工本，就是为了凸显皇家的威严，展示其权力的至高无上。

内务府作为专管皇家事务的机构，承担着大部分的万寿点景布置任务，而内务府下辖的样式房，作为最高等级的皇家设计机构，其掌案自然要承担万寿点景的总体规划与大量点景的具体设计建造任务。因此长期担任样式房掌案的样式雷家族，自然承担了大多数万寿点景的布置工作。

而与历代样式雷主持设计的其他皇家建筑工程不同，万寿点景是对外开放的。盛典当天，群臣百姓，各国使节，都会目睹这些临时性的仿真建筑的风采。毫无疑问，样式雷的艺术才华可以在这一天得到最充分的发挥。

到了清代后期，随着国力的衰退，帝、后万寿盛典的规模也大不如前。如1841年，道光皇帝的六十大寿正值鸦片战争期间，虽也是大费周章，但不敢兴师动众。那慈禧太后的六十大寿为什么要大操大办呢？当时（1894年）可是中日甲午战争激战正酣且清军节节败退的时候呀！

原来，清代帝、后的万寿盛典一般都会提前做准备，比如乾隆皇帝的八旬万寿盛典整整提前了三年就开始准备，慈禧太后的六旬盛典也是从两年前就开始准备的，其点景的布置是提前一年就开始了的。

慈禧太后本来想借这次机会好好扬扬自己的威

风，向国民展示一下自己的高寿，刷刷存在感，让大家知道，光绪皇帝虽然亲政了，可自己仍然具有至高无上的权威。但没承想，日本人很不配合，和清军在朝鲜半岛上大打出手，并且还占尽上风，这彻底打乱了慈禧太后的计划，最终导致清朝最后一次规模盛大的万寿盛典搞了个虎头蛇尾，像她几次重修的园子那样。

但当时的样式房掌案雷廷昌，仍然出色地完成了慈禧六旬万寿盛典的点景工作。

雷廷昌与慈禧太后六旬万寿盛典

时间退回到去年岁末，这天雷廷昌正在颐和园工地上指导二儿子雷献彩如何设计宫殿。这时，内务府的立山兴冲冲地走了过来。

雷廷昌赶紧拉着儿子给立大人见礼，满脸稚气的雷献彩恭恭敬敬地行礼："学生见过立大人！"

雷廷昌在行礼之后向立山介绍："这是犬子献彩，今年十七了！"

立山客气了一句："嗯，一表人才啊，这么大了，该能接雷大人的班了吧！"

雷廷昌赶忙摇手："唉，还差得远。雷家老例儿，需得先读书，到十六岁才能跟着大人到工地正经学手艺。"

"哦，我听他刚才自称学生，这是已经考上秀才了吧？"立山又问。

"正是，正是，我确实指望他将来能光耀雷家呀！"雷廷昌说着又看了一眼英气勃发的儿子。

"好！好！果然是虎父无犬子。"寒暄两三句后，立山切入正题："今早皇上下旨，开始准备为老佛爷的六十千秋节布置六十段点景儿，其中西华门到西直门一带的十里多地、二十七段景儿留给各省及王公大臣承办，余下的三十三段都由内务府承办，这可是几十里地呀，我和几位大人商量过了，这三十三段点景儿都要拜托雷大人多费心啦！"

雷廷昌一听，心中顿时升腾起一股豪情壮志，能为太后设计布置万寿盛典点景，这可是我雷家的无上荣光啊！届时京师内外官员百姓和各国使节都能亲眼见识我的手笔，经此盛典，我必可扬名天下，再为雷家添彩。

感激地送走立大人之后，雷廷昌喜悦而又严肃地对儿子说："献彩，这次好好跟着为父学，下次太后的七旬万寿点景就要靠你啦！"

万寿点景的第一步工作是要把点景所在街道两旁的铺面房屋、佛寺庙宇等固定建筑修葺粉饰一新。

雷廷昌很快就带上两个年龄稍长的儿子（献光、献彩）和几个侄子对沿途的建筑进行了全面仔细的调查，详细记录了沿途建筑的数目和尺寸，还具体列举了每项工程的做法，务求沿途的所有房屋和墙壁都能得到很好的修葺和粉饰。

承包具体工程的同茂木厂和德兴木厂都按照雷廷昌的章程进行，不敢稍有草率，还遵例保固十年，确保工程质量。

这项工程十分繁重，一直持续到了第二年9月份才告完成。这时距慈禧太后的万寿盛典也就只剩下一个来月时间了，雷廷昌必须马上开始设计点景的布置并着手搭建了。

雷廷昌首先制作了《由颐和园宫门前至西直门丈尺单》，把万寿盛典的路线分成了五十三小段和六大段，并分别绘制了《万寿庆典典意图》，在规定内务府的布点位置和形式的同时，也指导各省及王公大臣的点景布置，保证了万寿点景整体风貌的和谐。

对于其中的几处关键节点，雷廷昌更是苦心孤诣，把点景打造得既威严大气又精致灵动。

比如原计划在颐和园仁寿殿前设置彩棚，太后寿诞前一周由皇帝率王公百官在此设宴，次日再由皇后率妃嫔、公主、福晋、命妇等于此设宴。单为这个彩棚，雷廷昌就绘制了十五张画样，详细注明了彩棚的规格、装饰和陈设。其中他在用彩色精绘而成的《万寿千秋筵宴彩棚正面立样》上还详细注明了彩棚上要制作万福万寿花样。彩殿的天花要用五色彩绸做，天花上要安设彩色云蝠，四角中做五龙捧寿的祝寿彩幅。为了保证效果，他还单独精绘了彩色的天花样式。

其他几处重要点景的设置也与此类似，务求把这些临时建筑打造得真如宫殿一般，令文武百官和天下臣民都能感受到慈禧太后的威仪和清朝的蒸蒸日上。

但可惜的是，慈禧太后耗费1000万两白银打造的这一次万寿盛典却没有发挥其全部的效果。在甲午中日战争中，缺枪少炮、训练废弛、管理混乱的清朝军队遭到了精悍的日本新军的沉重打击。在万寿盛典前夕，慈禧太后虽然以一句"今天谁让我不高兴，我就让他这辈子都不高兴"堵住了请求停办点景工程、把盛典经费移作军费的大臣们的口，非常固执地举办了自己的六旬万寿盛典。但她仍然不得不直面甲午惨败的定局，缩小了朝贺的规模，只是在紫禁城中举行，并没有移驾颐和园接受万民朝贺。雷廷昌煞费苦心制作的万寿千秋筵宴彩棚等众多点景并没有派上用场。

慈禧太后万寿盛典当日，雷廷昌行走在自己描绘过无数次的街道上，看着两边富丽堂皇的建筑和点景，又看着沿途行色匆匆的官民，心中五味杂陈。既为雷家到自己这一代受到的无限荣宠而感到欣慰，但同时也为清廷的衰弱和自己家族未来的黯淡前途而叹息。想到这里，他回头看了看红艳艳的夕阳，不禁摇头叹息了一声。

旁边的雷献彩察觉到了父亲的异样，但没有说

雷廷昌、雷献彩行走在沿途点景的街道上。

什么，继续默默地跟随父亲走着。不过他的注意力几乎全在父亲身上，生怕心事重重的父亲一不留神磕碰着。至于沿途的点景，他并没太在意，早熟的他清楚地知道，这恐怕就是清朝的最后一次万寿盛典了。果然，1904年的慈禧七旬庆典只是在颐和园中庆贺了一番，并没有进行盛大的点景工程。

雷廷昌的儿子们十分争气，在雷献彩的带领下，出色完成了圆明园的最后一次大规模修复工程；在庚子国变（1900）之后，主持重建或修复了正阳门、中南海、颐和园、天坛祈年殿、大高玄殿等建筑，还新建了摄政王（载沣，溥仪生父）府，并在"清末新政"期间尝试了各类新式洋房的设计等。

但随着清朝的覆灭，一直致力于皇家建筑设计和内部装修的样式雷家族，没有跟上时代的变化。自民国四年（1915）光绪帝的崇陵竣工之后，样式雷再无新作品问世，很快就淹没在了历史的浪潮之中。

样式雷
家族简表

●◎ 明万历四十七年（1619）

—————————————————————————

二月二十一日，雷发达出生。

●◎ 明崇祯八年（1635）

—————————————————————————

雷发达跟随祖父、父亲和叔父前往应天府（南京）谋生。

●◎ 清顺治十六年（1659）

—————————————————————————

八月十六日，雷金玉出生。

●◎ 康熙八年（1669）

正月底，雷发达进京，参与太和殿重修工程。在冬至节前夕的上梁仪式上，雷发达因上梁有功而得到康熙皇帝赏识，晋升为工部营造所"长班"，从此在京城站稳脚跟，开启了"样式雷"家族的辉煌篇章。

●◎ 康熙二十二年（1683）

冬天，雷发达堂弟雷发宣携长大成人的雷金玉等子侄来到京城。雷金玉进入太学并很快完成学业，通过科举考试获得候补州州同衔名，后跟随父亲参与皇家宫苑建设。

●◎ 康熙二十六年（1687）

清代第一座规模宏大的皇家园林——畅春园建成。在畅春园正殿"九经三事殿"的上梁仪式上，雷金玉因上梁有功被康熙皇帝封为内务府样式房的掌案，专门负责为皇室建筑出样式（图样和模型），雷金玉由此成为严格意义上的第一代"样式雷"。

◎康熙三十二年（1693）

八月十一日，雷发达逝世，归葬于江宁府江宁县安德门。

◎雍正三年（1725）

雍正皇帝大规模扩建北京西郊圆明园，雷金玉充任圆明园样式房掌案，负责设计和制作殿台楼阁和园庭的画样、烫样，指导施工。

◎雍正六年（1728）

八月十六日，雷金玉七十大寿，雍正皇帝授意皇子弘历（即后来的乾隆皇帝）亲笔书写"古稀"二字匾额，赐予雷金玉。

◎雍正七年（1729）

七月三十日，雷金玉第五子雷声澂出生。

十一月初十日，雷金玉逝世。朝廷赏赐黄金百两，利用官家驿站将其归葬于江宁府江宁县安德门外西善桥，除幼子雷声澂及其母张氏留守北京西郊海淀镇槐树街雷氏祖宅之外，雷金玉的五房妻妾和四个儿子都随灵柩回到江宁府生活。

● ◎ 雍正十二年 （1734）

清工部《工程做法则例》编成颁布，对宫廷营建的坛庙、宫殿、陵寝、仓库、城垣、王府等建筑具有很重要的监督控制作用。

● ◎ 乾隆二十三年 （1758）

十月初五日，雷声澂长子雷家玮出生。

● ◎ 乾隆二十九年 （1764）

四月初二日，雷声澂次子雷家玺出生。

● ◎ 乾隆三十五年 （1770）

六月二十日，雷声澂第三子雷家瑞出生。

● ◎ 乾隆三十六年 （1771）

乾隆皇帝开始修建宁寿宫花园（后来也称"乾隆花园"），雷声澂依照苏州园林风格进行规划设计，颇合乾隆皇帝心意。

◉◎乾隆五十五年（1790）

雷家玺主持乾隆八旬万寿庆典中圆明园至紫禁城的沿路点景设计。

◉◎乾隆五十七年（1792）

八月二十一日，雷声澂逝世，葬于顺天府宛平县西直门外聚善村。

◉◎嘉庆元年（1796）

正月初一，乾隆皇帝正式传位于其子永琰（后改为颙琰），是为嘉庆皇帝。嘉庆皇帝继位后，计划在清西陵的太平峪营建自己的坟茔，后取名"昌陵"。雷家玺主持昌陵的规划设计工作。样式雷家族开始设计承办皇帝陵寝工程。

◉◎嘉庆八年（1803）

十月二十九日辰时，雷家玺第三子雷景修出生。

●◎嘉庆十九年 ^{（1814）}

雷家瑞亲赴江西重修大成宗谱。

●◎嘉庆二十三年 ^{（1818）}

雷景修跟随父亲雷家玺在圆明园样式房学习差务。

●◎道光五年 ^{（1825）}

正月十五日，雷家玺逝世，葬于顺天府宛平县西直门外聚善村。雷家玺临终前因担心雷景修年轻缺乏经验，难以胜任样式房掌案的工作，于是临终前保举同事郭九担任掌案。

●◎道光六年 ^{（1826）}

六月十二日子时，雷景修长子雷思起出生。

●◎道光十年 ^{（1830）}

十月二十六日，雷家瑞逝世，葬于顺天府宛平县西直门外小煤厂。

●◎道光二十年（1840）

中英鸦片战争爆发。

雷氏家族分家，依修字辈分为六股，雷景修自立门户。

●◎道光二十一年（1841）

雷思起开始在样式房学习当差。

●◎道光二十五年（1845）

正月初四日，雷家玮逝世，葬于顺天府宛平县西直门外聚善村。

十一月二十三日丑时，雷思起长子雷廷昌出生。

●◎咸丰元年（1851）

二月二十日，昌西陵（嘉庆皇帝的孝和睿皇后的陵墓）开工，雷景修奉样式房掌案郭九的派遣，前往昌西陵负责设计施工事宜。

● ◎ 咸丰二年（1852）

此年郭九去世，样式房排名第二的雷景修开始管理样式房差事，样式房掌案职位重归样式雷家族。

● ◎ 咸丰三年（1853）

三月十八日，昌西陵所有工程一概完竣。

● ◎ 咸丰八年（1858）

七月二十六日，雷思起奉旨查勘定陵（咸丰帝及其皇后合葬墓）地势规制。后半年陆续完成平安峪万年吉地各处画样及烫样。

此年雷廷昌开始学习样式房差事。

● ◎ 咸丰九年（1859）

四月十三日，定陵开工。

●◎咸丰十年（1860）

八月初八日，定陵工程停工。

八月二十二日，雷家海淀老宅遭劫，雷家流离失所，幸而雷思起从东陵赶回保护合家老小，房屋未被全部焚毁。样式房差务奉旨停止，雷景修从此歇业。

十二月十三日，雷氏迁移兵马司，租住容六老爷房。

●◎咸丰十一年（1861）

二月初四日，定陵工程重新开工。

八月十三日，雷景修率雷思起等迁居西直门南草厂内东观音寺路北。

●◎同治元年（1862）

一月，雷思起奉旨于定陵附近丈量成子峪、普陀山、松树沟三处地势，绘制画样并总图，并测绘昭西陵（孝庄文皇后博尔济吉特氏的陵寝）全样。

七月十九日，朝廷赐雷思起五品衔、晋封朝议大夫。

●◎同治四年（1865）

八月，定陵及顺水峪妃园寝（咸丰帝妃嫔的墓地）工程告竣。

十月十六日，雷思起因在定陵工程中出力，奉旨赏加盐大使衔。

●◎同治五年（1866）

自八月二十九日起，雷思起前往东陵相度地势，丈量地势尺寸并定穴位。

十月初二日，雷景修逝世，葬于西直门外聚善村祖坟。

●◎同治六年（1867）

正月初七日，安葬雷景修，修建茔地。

正月二十四日，雷氏祖茔路南阳宅破土动工。

二月—七月，雷思起参与三海清淤工程。

●◎同治十一年（1872）

此年同治皇帝大婚，雷思起、雷廷昌父子承担大婚各处修理工程。

三月十五日，清东陵平顶山改名"普祥峪万年吉地"（慈安太后的陵墓），普陀山改名"菩陀峪万年吉地"（慈禧太后的陵墓），是为"定东陵"。

三月二十七日，三所六班会议确定由雷思起应承定东陵查勘、制作画样、烫样及监修等差务。

九月二十八日，清廷降旨修理圆明园安佑宫等处工程。

十月初三日，雷思起进圆明园、绮春园，着赶紧限一月内，呈进烫样。

十一月初四日，安佑宫等处烫样恭呈御览。

十一月初五日，上谕万春园添改工程十余处，并谕雷思起画各样装修名目仙楼，每一样分十样，要奇巧玲珑。

十一月十八日，进呈天地一家春修正烫样，并御制装修烫样等。

十一月二十一日，进呈圆明园大宫门、二宫门、正大光明殿、游廊等烫样大小六块，计二箱。

十一月二十二日，雷思起负责圆明园装修木料采买。

十一月二十六日，雷思起赏二品顶戴，雷廷昌赏三品顶戴。

● ◎ 同治十三年（1874）

四月十八日，雷思起因圆明园工程奉旨被召见。

七月二十九日，停修圆明园工程。

八月—十二月，雷思起参与西苑大修工程。

● ◎ 光绪元年（1875）

一月初九日，雷思起赴东陵参与惠陵（同治皇帝与其皇后的陵寝）选址。

三月二十一日，进呈惠陵全图一份、立样一份、总图一份。

八月初三日，惠陵开工。

● ◎ 光绪二年（1876）

十一月初四日寅时，雷思起逝世，归葬于聚善村祖茔。朝廷晋封雷思起为荣禄大夫，赏赐白银200两。

● ◎ 光绪三年（1877）

六月二十八日子时，雷廷昌次子雷献彩出生。

●◎光绪四年（1878）

————————————————————————————————————

九月，惠陵竣工。

●◎光绪五年（1879）

————————————————————————————————————

定东陵竣工。

●◎光绪十二年至光绪二十一年（1886—1895）

————————————————————————————————————

雷廷昌参与颐和园大修工程。

●◎光绪二十二年（1896）

————————————————————————————————————

三月初二日，慈禧太后、光绪皇帝驾幸圆明园，雷廷昌呈递圆明园殿画样。雷廷昌参与圆明园修复工程，至1898年。

●◎光绪二十六年（1900）

————————————————————————————————————

八国联军占领北京，再度劫掠圆明园、颐和园，焚烧部分建筑。

●◎光绪二十七年（1901）

慈禧太后和光绪皇帝回到北京，开始大规模修复及重建工程，包括颐和园大修等，雷廷昌、雷献彩父子供职其中。

●◎光绪三十三年（1907）

雷廷昌逝世。

●◎民国四年（1915）

样式雷的最后一件作品——崇陵（光绪皇帝及隆裕皇后合葬墓，中国最后一座皇帝陵寝）竣工。